RÁPIDO

Cuaderno de Ejercicios

de
Lourdes Miquel y Neus Sans

DIFUSIÓN

Centro de Investigación y Publicaciones de Idiomas

C/ Bruch, nº 21, 1º - 1ª
08010 Barcelona

Rápido
Cuaderno de Ejercicios

de
Lourdes Miquel y Neus Sans

Redacción
María José Gelabert

Ilustraciones
Gerardo Amechazurra

Diseño de cubierta
Ángel Viola

1.ª Edición, 1994
2.ª Edición, 1995

Este libro está impreso en papel ecológico

© Ernst Klett Verlag für Wissen und Bildung GmbH, Stuttgart 1994.
© esta edición: Difusión, S.L. Barcelona 1994.
ISBN: 84-87099-47-5
Depósito Legal: M-21233-1994

Printed in Spain - Impreso en España por Gráficas Rama, Madrid.

Prólogo

El **Cuaderno de Ejercicios** es un libro que acompaña y complementa al Libro del Alumno y está especialmente dedicado a :

- Tareas de escritura y de lectura
- Actividades para la fijación del léxico
- Práctica y reflexión sobre la morfología y la sintaxis
- Tareas en las que se encuentran los diversos objetivos de la unidad
- Actividades específicas para reforzar las estructuras gramaticales.

Los diferentes tipos de tareas , actividades y ejercicios están relacionados con las actividades del Libro del Alumno y pueden ser un complemento en el aula o pueden formar parte del trabajo individual del alumno en casa.

Así pues, el **Cuaderno de Ejercicios** puede ser muy útil para consolidar y fijar los conocimientos en la práctica de las diferentes destrezas.

Índice

Símbolos

Escritura		Marcas de interlocutor en ejemplos de lengua oral
Tarea individual		Lectura
Tarea en parejas		Comprensión auditiva Texto grabado
Tarea en grupo		Juego
Fonética		

Agradecimientos

Autopista Vasco Aragonesa: 38. R. Betz: 57. BMG Ariola: 24. Casa de S.M. el Rey de España: 24. Generalitat de Catalunya, Departament de Sanitat i Seguritat Social: 93, 94. Principado de Asturias, Consejería de Industria, Turismo y Empleo: 110. C. Schneyer: 19 (2-4), F. Schulte-Nölle: 19 (1), 20. Gioconda Belli (Text): 127.

1 Aquí tienes una serie de palabras que alguien te ha deletreado. ¿Puedes escribirlas?

1. cehache, i, ele, e

4. hache, i, ese, te, o, ere, i, a

6. ce, u, be, a

2. eme, a, elle, o, ere, ce, a

7. erre, o, eme, a

3. uve, e, ere, be, o, ese

5. te, ere, a, be, a, jota, a, ere

8. uve, e, ere, de, a, de

theta = z

1. CHILE   5. trabayar

2. Mallorca   6. roma

3. verbos   7. cuba

4. Historia   8. verdad

¿Puedes leer ahora estas palabras?

2 ¿Puedes deletrear estas palabras?

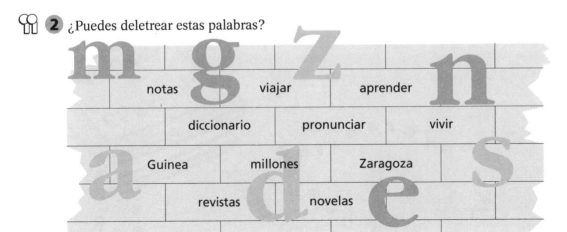

notas   viajar   aprender

diccionario   pronunciar   vivir

Guinea   millones   Zaragoza

revistas   novelas

Ahora, puedes deletrear tu nombre, tu apellido, el nombre de la calle donde vives, el de la ciudad donde vives...

3 Escribe dos palabras españolas en cada ficha... (valen los nombres de los países).

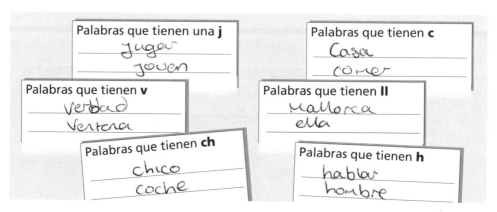

Palabras que tienen una **j**
jugar
joven

Palabras que tienen **c**
Casa
comer

Palabras que tienen **v**
verdad
ventana

Palabras que tienen **ll**
Mallorca
ella

Palabras que tienen **ch**
chico
coche

Palabras que tienen **h**
hablar
hombre

Ahora que ya las has escrito, ¿puedes leerlas en voz alta teniendo en cuenta cómo se pronuncian?

4 Piensa en cinco acciones que sean importantes para ti en la vida. Busca en el diccionario, elige la que crees que es la mejor traducción y pídele confirmación a tu profesor.

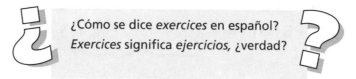

¿Cómo se dice *exercices* en español?
Exercices significa *ejercicios*, ¿verdad?

5 Últimamente tenemos problemas con los libros. De este diccionario se han caído estas palabras. Escribe en una lista las que son infinitivos y en la otra las que son sustantivos. ¿Puedes clasificar los infinitivos, en tres grupos, según las terminaciones?

conversación
escribir
ENTENDER
conocer
verdad
HABLAR
texto
RADIO
ESPAÑOL
ALEMÁN

6 En este mapa están todos los países que hablan español, pero en algunos no está escrito el nombre. ¿Por qué no escribes los que faltan?

Estados Unidos

Rep. Dominicana

Honduras

Guatemala

Costa Rica

El Salvador

Puerto Rico

Panamá

Colombia

Ecuador

Bolivia

Paraguay

Uruguay

Filipinas

7 ¿Sabes cómo se dice en español...?

8 ¿Qué palabras españolas que han aparecido en esta unidad puedes escribir con estas sílabas? Hay, como mínimo, cinco.

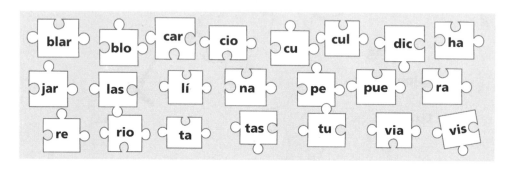

blar	blo	car	cio	cu	cul	dic	ha
jar	las	lí	na	pe	pue	ra
re	rio	ta	tas	tu	via	vis

9 En cada una de estas palabras falta una sílaba. ¿Puedes completarlas tú?

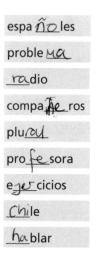

espa ño les

proble ma

ra dio

compa ñe ros

plu ral

pro fe sora

e jer cicios

Chi le

ha blar

vir - cer - ral - fe - jer -
Chi - blar - his - di - ño -
ma - ra - ñe - ha -
ciu - ver - der -
ten

habla r

perió di cos

his toria

ver dad

aprend er

vi vir

cono cer

ciu dad

en ten der

10 En todas las lenguas hay juegos de palabras difíciles de pronunciar y en las que el significado no es nada importante. ¿Por qué no intentas pronunciar estos juegos en español?

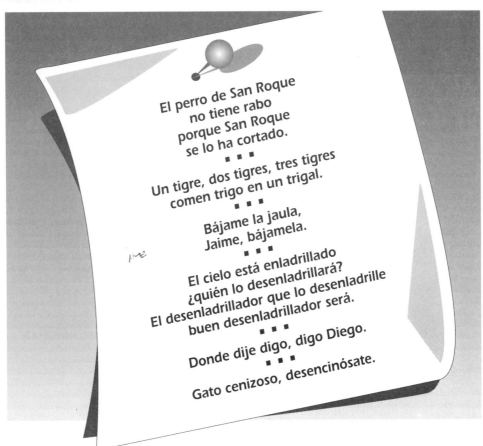

El perro de San Roque
no tiene rabo
porque San Roque
se lo ha cortado.

■ ■ ■

Un tigre, dos tigres, tres tigres
comen trigo en un trigal.

■ ■ ■

Bájame la jaula,
Jaime, bájamela.

■ ■ ■

El cielo está enladrillado
¿quién lo desenladrillará?
El desenladrillador que lo desenladrille
buen desenladrillador será.

■ ■ ■

Donde dije digo, digo Diego.

■ ■ ■

Gato cenizoso, desencinósate.

11 Ahora que sabes un poco más de español, puedes decir, de verdad, para qué lo estudias... Escribe un pequeño texto y busca en el diccionario los infinitivos que necesitas.

Estudio español para . . .

1 Aquí tienes unas frases que debes unir adecuadamente utilizando **y** o **pero**, y haciendo los cambios necesarios.

1 Hablo inglés. Hablo un poco de español.

_____

2 Jaime vive en Barcelona. Trabaja en Gerona.

_____

3 Hablo español. No hablo muy bien.

_____

4 Hablo inglés bien. Escribo muy mal.

_____

5 En clase hablamos mucho. En clase leemos textos.

_____

6 Voy a visitar Argentina. No voy a visitar Uruguay.

_____

7 ¿Los españoles van a cursos en Irlanda? ¿Van a cursos en Gran Bretaña?

_____

2 Recuerda que, en español, las terminaciones de los verbos te indican la persona. ¿A qué personas se refieren estas formas verbales?

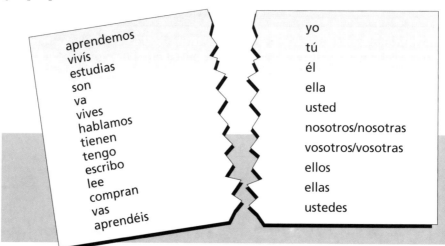

aprendemos	yo
vivís	tú
estudias	él
son	ella
va	usted
vives	nosotros/nosotras
hablamos	vosotros/vosotras
tienen	ellos
tengo	ellas
escribo	ustedes
lee	
compran	
vas	
aprendéis	

3 Los nombres de trece países en los que se habla español aparecen en este crucigrama.

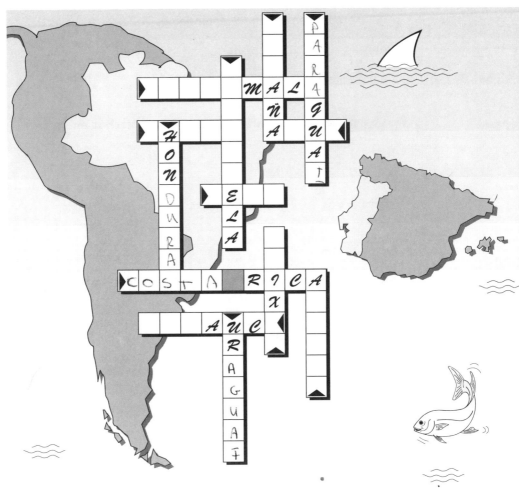

4 Contesta estas preguntas, afirmativa o negativamente según tu propia realidad.

¿Eres español?
¿Estudias química?
¿Hablas italiano?
¿Escribes muchas cartas?
¿Vives en España?
¿Lees mucho?
¿Escuchas mucho la radio?
¿Lees libros ingleses?
¿Eres francés?

5 Si ves estos verbos en Presente, ¿a qué conjugación te imaginas que corresponden? Clasifícalos.

compramos	aprendemos	trabajas

conocéis	necesita	escribís	viajamos

hacéis	salimos	hablan

Verbos en -*ar*	Verbos en -*er*	Verbos en -*ir*
_____	_____	_____
_____	_____	_____
_____	_____	_____
_____	_____	_____

6 Imagina que tienes que preguntar estas cosas a una persona o a varias a las que debes tratar de usted. ¿Cómo lo harías?

TÚ/VOSOTROS

USTED/USTEDES

¿Hablas francés?

¿Vivís en España?

Eres argentino, ¿verdad?

Estudias ruso, ¿verdad?

¿Trabajáis o estudiáis?

¿Vas a clase de español?

¿Tienes libros de autores españoles o latinoamericanos?

7 ¿Por qué no escribes estos números en letras?

Ahora copia las cifras que te dará el profesor.

8 ¿En cuáles de estas frases crees que es necesario el pronombre sujeto?

- ¿ _____ hablas español?
- ○ Sí, pero sólo un poco.

- _____ estudio Idiomas en la Universidad.
- ○ Y _____ estudio Química.

- _____ soy alemán, ¿y tú?
- ○ _____ soy chileno.

- _____ no leo mucho.
- ○ _____ leo bastante, especialmente literatura española.

- María estudia Biología, ¿verdad?
- ○ Sí, _____ estudia en la Universidad de Sevilla.

9 Vamos a repasar algunas preposiciones.

1. Ana, en español, se escribe _____ una ene ¿verdad?

2. David estudia Medicina _____ Estados Unidos.

3. Estudio español _____ conocer mejor la cultura latinoamericana.

4. Voy _____ clases _____ inglés y de tenis.

5. Yo veo películas _____ la televisión _____ inglés. Se aprende mucho...

6. _____ Andalucía se habla español con un acento andaluz.

10 Completa con artículos indeterminados fijándote en la concordancia del género y número.

ÁNGEL TIENE...

_____ gramática española.	_____ discos de Mecano
_____ amigo cubano.	_____ amigas chilenas.
_____ compañeros de trabajo argentinos.	_____ profesión muy interesante.
_____ diccionario francés-español.	_____ películas españolas en vídeo.
_____ novela de Vázquez Montalbán.	_____ periódicos mexicanos.

Si ahora hablamos de estas cosas y personas, como ya sabemos de su existencia tendremos que usar artículos determinados.

_____ gramática española de Ángel	_____ discos de Mecano de Ángel
_____ amigo cubano de Ángel	_____ amigas chilenas de Ángel
_____ compañeros de trabajo argentinos de Ángel	_____ profesión de Ángel
_____ diccionario francés-español de Ángel	_____ películas españolas en vídeo de Ángel
_____ novela de Vázquez Montalbán de Ángel	_____ periódicos mexicanos de Ángel

11 Lee y completa los diálogos.

• ¿Qué idiomas hablan ustedes?

○ ....

△ Yo hablo inglés y ....

• Y ustedes, ¿qué ....?

○ Hablo español e inglés y ella........

....

• ¿Habla usted italiano?

○ Sí, pero ....

12 Discute con tu compañero/a cuáles pueden ser las preguntas.

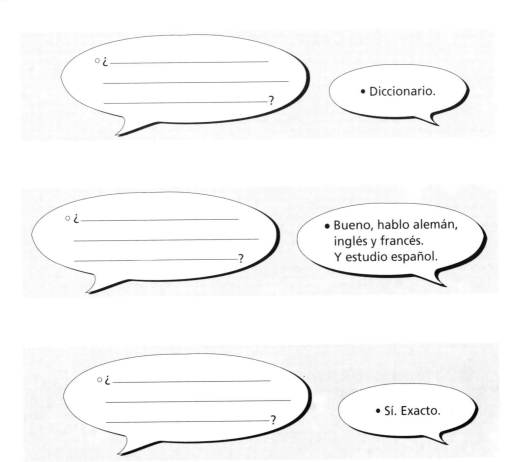

○ ¿ _____
_____
_____ ?

• Diccionario.

○ ¿ _____
_____
_____ ?

• Bueno, hablo alemán,
inglés y francés.
Y estudio español.

○ ¿ _____
_____
_____ ?

• Sí. Exacto.

13 ¿Cuál crees que es la sílaba tónica de estas palabras?

INGLÉS

LITERATURA

HABLAR

COLOMBIA

LENGUA

ALEMÁN

CULTURA

ESCRIBIR

EXTRANJERO

PERSONA

VACACIONES

14 Ahora que ya sabes bastantes cosas y conoces la mecánica de la clase, puedes escribir un pequeño texto basándote en el texto 1 del Libro del Alumno con todo lo que ya has empezado a hacer.

1 Imagínate que es la primera vez que hablas con un/a español/a de estas cosas, ¿qué artículo pondrías delante?

_____ pueblo	_____ ciudades	_____ hombre
_____ país	_____ tema	_____ canción
_____ chica	_____ apellidos	_____ foto
_____ personas	_____ coche	_____ problema
_____ canciones	_____ mujer	_____ edificios
_____ belga	_____ mujeres	_____ ciudad

Imagínate, ahora, que ya has hablado de estas cosas con tu interlocutor/a, ¿qué artículos pondrías delante?

_____ coche	_____ edificios	_____ chica
_____ apellido	_____ ciudades	_____ belga
_____ mujeres	_____ foto	_____ canciones
_____ tema	_____ canción	_____ pueblo
_____ mujer	_____ hombre	_____ país
_____ personas	_____ problema	_____ ciudad

2 Completa los enunciados con el artículo indeterminado que corresponda.

1. • ¿Y esto qué es?

   ○ Es Cartagena de Indias, _____ ciudad muy bonita.

2. • Tengo _____ problema con este ejercicio.

3. • ¿Tienes _____ hoja de papel, por favor?

4. • Mira, éstos son los Núñez, _____ amigos de mis padres.

5. • Ah, pues yo tengo _____ amiga en Santiago de Chile. Es muy simpática.

6. • Yo no sé qué es _____ «tablao».

7. • ¿Qué son esos papeles?

   ○ _____ fotos.

8. • En clase hay gente de muchas nacionalidades.

   ○ Ah, ¿sí? ¡Qué bien!

   • Hay _____ canadiense, _____ chica estadounidense, _____ belga, _____ chico

   belga, ¿eh?, _____ mexicano, _____ boliviana, _____ español y _____ uruguaya.

3 Aquí tienes unos textos de postales que te han enviado amigos españoles y latinoamericanos en sus viajes. Léelos.

Esto es Varadero, una playa de Cuba muy bonita.

Cuba muy bonita. Hotel limpio y bastante cómodo.

Michael Dijkst...
NL - 5022...

Ésta es la famosa playa de Waikiki.

Es un sitio muy bonito.

Frau Claudia Sch... Albert-Sc...

La playa es preciosa.

Mme Jeanine Defossez Avenue de la Reine 78 B - 1000 Bruxelles

Éste es nuestro hotel. Nuestra habitación es la que tiene una x.

Ahora imagina que estás viajando por España y escribes unas postales a unos amigos tuyos. ¿Qué les pones?

4 Si te preguntan qué es esto, ¿qué contestas?

5 Contesta a estas preguntas de acuerdo con el dibujo que tienes al lado.

➡ • ¿Qué es esto?
  ○ Es una cosa para beber. / Es un porrón.

• ¿Qué es esto?
_____

• ¿Qué es esto?
_____

• ¿Qué es esto?
_____

• ¿Qué es esto?
_____

6 Completa estos enunciados con el artículo determinado correspondiente.

1. • ¿Y esto qué es?

   ○ _____ catedral de Burgos.

2. • Mira, éstos son _____ Ibáñez,

   _____ padres de Carlos.

3. • Ésta es _____ ciudad donde viven mis amigos españoles. Se llama Murcia.

4. • Éstos son _____ ejercicios para

   practicar _____ artículos.

5. • ¿_____ señora Eugenia Marín es usted?

   ○ Sí, soy yo.

6. • ¿Usted es _____ profesor de Matemáticas?

   ○ No, no soy yo. Es ese señor.

   • Gracias.

7. • ¿Qué son esos papeles?

   ○ _____ fotos de Sevilla.

   • A ver...

7 Aquí tienes una serie de fotos. Al pie tienes el nombre y el lugar. Formula frases explicando lo que es cada cosa.

➡️ *Puente de la Barqueta - Sevilla*
   Es el Puente de la Barqueta./Es un puente de Sevilla.

Catedral - Salamanca

Palacio Real - Madrid

Parque Güell - Barcelona

Puerta del Sol - Madrid

8 Completa con la forma correcta del Presente de Indicativo del verbo **ser**.

1. Vosotros _____ alemanes, ¿verdad?

2. ¿Tú _____ Paco Puente?

3. Ésta _____ mi hermana Carolina y éstos _____ mis padres.

4. ¿Usted _____ la Directora General?

5. Esto _____ Córdoba y esto _____ la Mezquita.

6. Δ Ustedes _____ japonesas, ¿verdad?

   • No, nosotras _____ chinas.

7. Nosotros _____ venezolanos, de Caracas.

8. No, no. Yo no _____ el Jefe de Ventas, yo _____ el Director de Marketing.

9. _____ un sitio muy interesante.

10. _____ una palabra que empieza por eme.

11. Mira, éstos _____ nosotros en Tegucigalpa.

12. ¿Y esto qué _____?

13. ¿Y tú de dónde _____?

14. ¿Y vosotros de dónde _____?

15. ¿Y ustedes de dónde _____?

9 Aquí tienes una serie de situaciones... ¿Cómo formulas las preguntas?

Sabes que en la empresa Yaber hay un/a Director/a General, pero no sabes quién es.

1 _____

En un mercado en el Caribe, ves por primera vez una especie de fruta, ¿qué preguntas para saber qué es?

2 _____

Te habla por teléfono una persona que no conoces y que te habla en español, ¿qué le preguntas para que se identifique?

3 _____

Unos amigos te enseñan una foto de una niña. No sabes quién es.

4 _____

En tu grupo de clase hay un chileno que se llama René, ¿qué preguntas para saber quién es?

5

Encima de tu escritorio encuentras un paquete extraño, ¿qué preguntas?

6

Llegas a clase de español y ves a unos estudiantes nuevos, que tú no conoces, ¿qué preguntas a otro/a compañero/a?

7

10 Une cada par de frases usando el relativo **que** o **donde**.

⇨ Es una palabra española. Tiene cinco letras.
*Es una palabra española **que** tiene cinco letras.*

Es un plato típico argentino. Se come en toda Argentina.

1

Ésta es la escuela Galdós. Aquí estudia mi hermana.

2

Éste es el hotel. En ese hotel pasamos las vacaciones.

3

Éstos son unos amigos míos. Viven en Montevideo.

4

Berta es la tía de Antonio. Berta vive en Madrid.

5

Ésta es la casa. Mis padres tienen esta casa en Tenerife.

6

Éste es el gimnasio «Sabatini». En ese gimnasio practico deporte.

7

Esto es un programa de ordenador. Sirve para traducir textos.

8

Éste es un sitio típico. Se baila y se canta flamenco.

9

Esto es Viña del Mar. En este pueblo vive Beatriz.

10

11 Escribe todas las relaciones posibles de los miembros de esta familia.

⇨ Santiago y Leonor son los abuelos de Carla.

Ahora imagina que estás hablando con un/a amigo/a tuyo/a de la familia de Carla y que ya sabéis de que estáis hablando.

⇨ Santiago y Leonor son sus abuelos.

12 Imaginate que estás hablando de tu familia con un/a amigo/a tuyo/a. Escríbelo.

Pedro es un tío mío. Es un hermano de mi madre . . .

1 Ya sabes quiénes son estas personas. ¿Cómo se lo explicarías a alguien que no las conoce?

2 Completa los diálogos con los pronombres reflexivos adecuados.

- ¿Cómo _____ llama usted?
- ○ Ignacio García Paredes.

- ¿Cómo _____ llama tu novio?
- ○ Roberto.

- ¿Cómo _____ llamáis?
- ○ Yo, Clara.
- ▲ Yo, María. ¿Y tú?
- Yo también _____ llamo María.

- Muchos españoles _____ llaman José o Pepe.

- Tú _____ llamas Antonio, ¿verdad?
- ○ Sí, Antonio. O Toño, para los amigos.

- ¿A qué _____ dedica tu hermana?
- ○ Es abogada.

- ¿A qué _____ dedican tus padres?
- ○ Mi madre trabaja en una tienda y mi padre en una fábrica.

- ¿A qué _____ dedican ustedes?
- ○ Yo soy abogado y él, ingeniero.

3 ¿Con artículo o sin artículo?

1. • ¿Quién es Rosa Montero?
   ○ Es _____ escritora española.

2. • ¿A qué te dedicas?
   ○ Soy _____ médico. Trabajo en un hospital.

3. • ¿A qué se dedica Carlos?
   ○ Es _____ químico.

4. • ¿Quién es Antonio Banderas?
   ○ Es _____ actor español.

5. • Tu hermano es _____ profesor de español, ¿verdad?
   ○ No, es _____ profesor de francés.

6. • ¿Quién es Ernesto Sábato?
   ○ Es _____ escritor argentino.

4 Aquí tienes una lista de profesiones. Valóralas según tu opinión. Puedes utilizar la forma: ...es una profesión muy **aburrida/interesante/difícil/dura/**... Utiliza los adjetivos que conozcas o busca en el diccionario los que necesites.

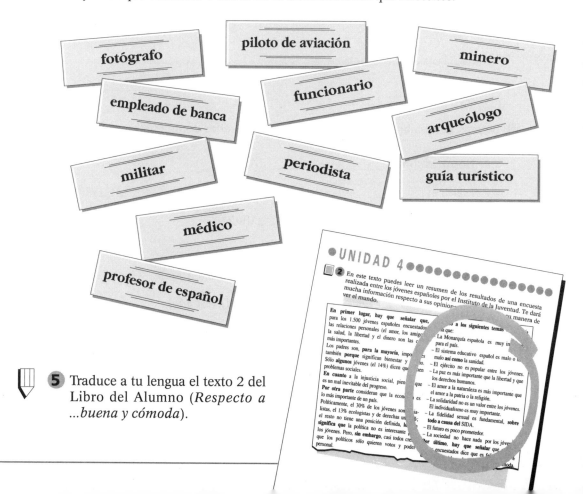

fotógrafo

piloto de aviación

minero

empleado de banca

funcionario

arqueólogo

militar

periodista

guía turístico

médico

profesor de español

5 Traduce a tu lengua el texto 2 del Libro del Alumno (*Respecto a ...buena y cómoda*).

6 Imagina que tienes que explicar a un amigo que empieza a estudiar español cómo funciona **tú** y **usted.** Si quieres puedes mirar el texto 6 del Libro del Alumno, allí encontrarás muchos recursos para explicarlo.

7 Detecta el género y el número de las palabras o expresiones y explica, después, en que te has basado para determinarlos.

		un escritor peruano	
bonita	importantes	unas chicas uruguayas	
una ciudad argentina	unos amigos ingleses		
	una periodista	una persona trabajadora	
interesante	muchos estudiantes		
buenos			

8 Vamos a trabajar con las nacionalidades. ¿puedes completar estas frases?

1. Nosotras somos _____ (*Austria*).

2. María es _____ (*Francia*) y John es _____ (*Inglaterra*).

3. Silvia y Elena son _____ (*Italia*).

4. Martina es _____ (*Canadá*).

5. Ernesto y Virginia son _____ (*Nicaragua*).

6. Vosotros sois _____ , ¿verdad? (*España*).

7. Ese chico es _____ , ¿verdad? (*Bélgica*).

8. ¿Sara es _____ (*Israel*) o _____ (*Irak*)?

9. ¿Sois _____ (*Chile*)?

10. No, Pancho es _____ (*México*).

9 ¿Crees que los extranjeros conocen tu país? ¿Por qué no escribes un pequeño texto, como el de la actividad número 8 del Libro del Alumno, con tus opiniones sobre la realidad y los estereotipos que tiene la gente de tu país?

10 No has oído bien parte de estas conversaciones, pero seguro que puedes deducir cuáles han sido las preguntas.

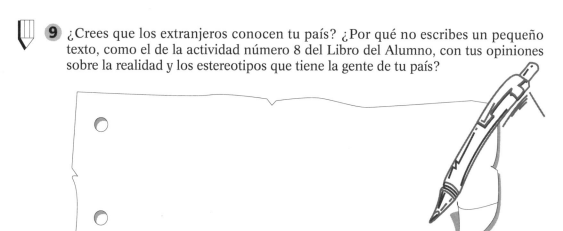

○ Elena Torres Sanjuán. ¿Y usted?

○ Argentina, de Córdoba, ¿Y tú?

○ ¿Mi marido? Trabaja en un banco.

○ Tomás es biólogo y Ana es profesora de Matemáticas.

○ ¿Mi hermana? Mi hermana tiene dieciocho años. ¿Por qué?

○ ¿Vázquez Montalbán? Es un escritor español muy interesante.

○ No, Nicolás no es español. Es nicaragüense.

11 Lee con atención estas entrevistas. Después rellena las dos fichas con los datos adecuados.

1
- Usted es argentina, ¿verdad?
- Sí, argentina, de Buenos Aires.
- ¿Y cómo se llama?
- Olga Sanromán Viglietti.
- ¿Y a qué se dedica?
- Soy periodista. Trabajo en una revista de Buenos Aires.
- ¿Y cuántos años tiene usted?
- Treinta y tres.

NOMBRE _____
APELLIDOS _____
NACIONALIDAD _____
PROFESIÓN _____
AÑO DE NACIMIENTO _____

2
- Y tú, ¿cómo te llamas?
- Manuel, Manuel López Trobo.
- López...
- López Trobo.
- ¿Estudiante?
- Sí, estudio Ciencias Políticas.
- Eres muy joven, ¿no?
- Tengo veintiún años.

NOMBRE _____
APELLIDOS _____
NACIONALIDAD _____
PROFESIÓN _____
AÑO DE NACIMIENTO _____

12 ¿Puedes señalar qué palabra o palabras no están bien clasificadas en estos grupos?

estudiante
músico
abogado
médico
colombiano

francés
escritor
nicaragüense
argentino
chileno

antipático
fuerte
amable
europeo
serio
inteligente

13 ¿Puedes escribir estas cifras en letras?

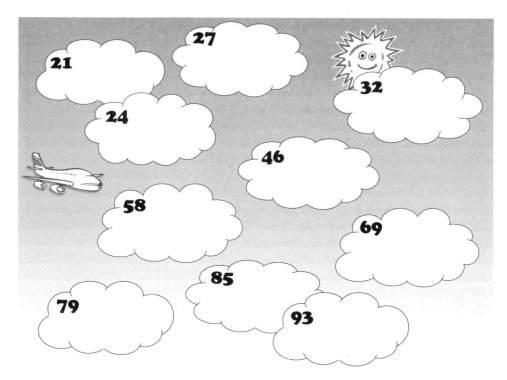

14 Estas series de números tienen una lógica, ¿puedes continuarlas?

1 veintiuno veinticuatro veintisiete treinta **?**   **?**   **?**

2 siete catorce veintiocho cincuenta y seis **?**   **?**   **?**

3 sesenta y dos sesenta cincuenta y ocho **?**   **?**   **?**

4 ochenta y ocho cuarenta y cuatro **?**   **?**   **?**

5 quince veinticinco veinte treinta veinticinco treinta y cinco **?**   **?**   **?**

15 ¿Recuerdas que es un poco difícil transcribir el fonema /θ/? Escucha las palabras que leerá el/la profesor/a y trata de determinar si se escriben con **s**, con **c** o con **z**.

1. _____   7. _____
2. _____   8. _____
3. _____   9. _____
4. _____   10. _____
5. _____   11. _____
6. _____

16 ¿Por qué no tratas de encontrar en esta "sopa de letras" los nombres de los habitantes de ocho países donde se habla español?

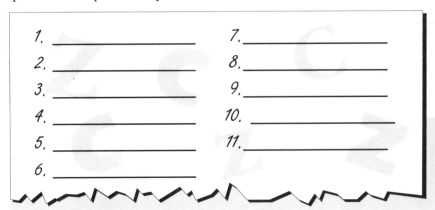

```
T  B  A  X  U  U  D  F  A  C  Z  G  A  Y  X  B  U  T  D
L  O  F  R (M  E  X  I  C  A  N  A) N  I  C  F  Q  O  U
G  L  G  T  G  N  P  A  R  A  G  U  A  Y  O  S  H  F  H
H  I  T  A  B  E  P  O  R  T  O  R  R  I  Q  U  E  Ñ  O
F  U  C  S  R  Z  N  I  C  A  R  A  G  Ü  E  N  S  E  N
S  I  H  U  T  O  F  T  L  Q  D  E  Z  L  S  U  U  E  D
P  A  A  G  B  L  C  H  I  L  E  N  A  Q  P  G  A  Z  U
Z  N  U  U  G  A  U  Z  T  N  O  E  C  D  A  U  U  Z  R
O  A  I  O  G  N  N  Z  A  X  O  B  U  Y  Ñ  X  Z  A  E
G  S  A  T  F  A  B  O  Z  E  D  S  Q  U  O  T  D  I  Ñ
L  F  Z  Q  U  S  U  A  S  T  M  L  N  M  L  O  X  Y  A
```

1 Imagínate que estás en un concurso y te han pedido que sitúes tu país geográficamente del modo más preciso posible. Tienes cinco minutos para hacerlo.

Parece que puedes ganar el concurso. Todo depende de una última cuestión: sitúa geográficamente tu ciudad.

2 ¿Puedes contestar a estas preguntas de geografía española después de haber leído el texto 1 del Libro del Alumno?

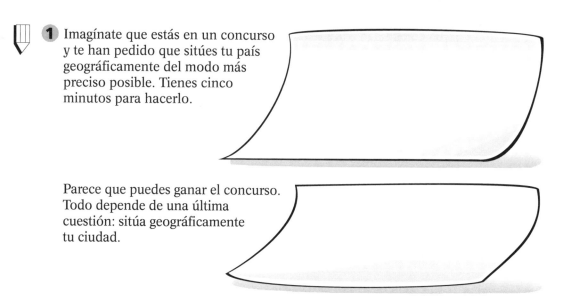

1. ¿Dónde está situada España?
2. ¿Dónde están situadas las Baleares?
3. ¿Y las Canarias?
4. ¿Dónde está la Comunidad de Madrid?
5. ¿Qué Comunidad Autónoma está al Norte de Madrid?
6. ¿Dónde está el kilómetro cero?
7. ¿Dónde está Cataluña?
8. ¿Cuántas provincias catalanas no están en la costa?
9. ¿Dónde está situada Andalucía?
10. ¿Portugal está al Este o al Oeste de España?

3 Completa con las preposiciones adecuadas estos diálogos entre personas que intentan situar una serie de lugares. Acuérdate de los artículos contractos: **al** y **del**.

1. • ¿Castilla-León está _____ Este o _____ Oeste _____ Madrid?

   ○ Está _____ Norte.

2. • Hay una provincia catalana que no está _____ costa, ¿verdad?

   ○ Sí, Lérida. Todas las demás están _____ costa.

3. • Las Baleares están _____ Mediterráneo y las Canarias, _____ Atlántico, ¿no?

    ○ Exacto.

4. • ¿Qué Comunidad Autónoma está _____ centro de la Península Ibérica?

    ○ Madrid.

5. • Hans, ¿con qué países limita España?

    ○ _____ Norte con Francia y _____ Oeste, con Portugal.

    • Muy bien.

6. • ¿Sales _____ coche o _____ avión?

    ○ _____ avión.

7. • Para ir a la catedral _____ pie, cruza esta calle, pasa _____ una plaza y sigue _____ un parque. Detrás _____ parque, está la catedral.

8. • Perdone, ¿para ir _____ playa _____ autobús?

9. • Seguís todo recto _____ esta calle _____ un semáforo. Allí giráis a la izquierda.

10. • Perdone, ¿para ir _____ centro, por favor?

4 Escribe la expresión de lugar correspondiente a cada dibujo.

encima de
debajo de
detrás de
delante de
enfrente
al lado de
dentro de
entre

5 Imagínate que el repartidor de pizzas, en la puerta de la pizzería, te hace las siguientes preguntas. Contéstale dándole las indicaciones oportunas.

1 ¿Hay una cabina telefónica cerca de aquí?

_____

2 Perdone, ¿sabe dónde hay un cajero automático?

_____

3 Perdona, ¿sabes si hay una tienda de «souvenirs» por aquí?

_____

4 ¿Para ir al lago, por favor?

_____

5 Perdone, ¿hay unos lavabos por aquí?

_____

6 ¿La tienda de «souvenirs» está muy lejos de los lavabos?

_____

7 ¿El refugio está muy lejos de la máquina de bebidas?

_____

8 Perdone, ¿la máquina de bebidas está muy lejos del cajero automático?

_____

9 ¿A cuántos kilómetros aproximadamente está el refugio, por favor?

_____

6 Escoge entre **hay** y **está/n** para completar las frases.

1. • ¿_____ un estanco por aquí?

   ○ Sí, _____ uno a unos cien metros de aquí.

2. • ¿El Banco Central _____ por aquí?

   ○ Sí, _____ enfrente del quiosco.

3. • ¿La librería Méndez? _____ a unos cinco minutos.

4. • Perdona, ¿dónde _____ la estación?

   ○ Cruzas esta calle, giras a la derecha. _____ al final de la calle.

5. • Perdone, ¿_____ un cajero automático cerca de aquí?

   ○ Lo siento, no sé.

6. • ¿Qué _____ encima de la cama?

   ○ No sé.

7. • ¿Cuántas catedrales _____ en Sevilla?

   ○ Una.

8. • ¿Guatemala _____ en Centroamérica o en Sudamérica?

   ○ En Centroamérica.

9. • ¿Qué _____ allí?

   ○ ¿Dónde?

10. • Perdona, ¿la calle Corrientes _____ por aquí?

    ○ Es ésta.

7 ¿Recuerdas los nombres que corresponden al dibujo?

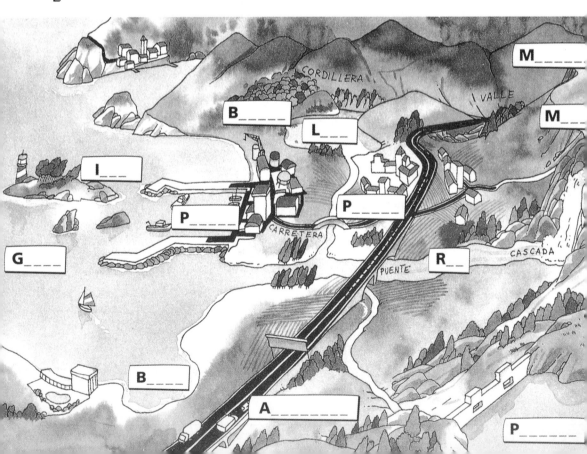

8 Pensando en el nombre de estas tiendas, ¿puedes deducir lo que venden en ellas?

panadería: _____

papelería: _____

pastelería: _____

zapatería: _____

frutería: _____

carnicería: _____

perfumería: _____

gasolinera: _____

tienda de muebles: _____

⇨ En una papelería hay papel, bolígrafos...

Con estos nombres no puedes hacer deducciones, pero quizás sabes lo que venden...

⇨ • ¿Qué venden en un estanco?
  ◦ Sellos, cigarrillos...

QUIOSCO

DROGUERIA

ESTANCO

FARMACIA

Clasifica, ahora, los nombres de las siguientes tiendas, entre las que venden alimentos y las que no.

papelería
estanco
gasolinera
panadería
pastelería
zapatería
frutería
carnicería
perfumería
farmacia
tienda de ropa

ALIMENTOS	OTROS

9 Imagínate que tienes que construir un centro comercial con todas estas tiendas. Dibuja un plano y sitúa en él cada una de las tiendas.

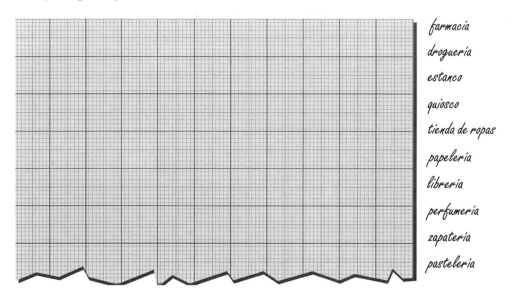

farmacia

droguería

estanco

quiosco

tienda de ropas

papelería

librería

perfumería

zapatería

pastelería

Luego, explica dónde están. Si quieres puedes trabajar con un compañero/a.

⇨ La droguería está al lado de la perfumería y enfrente del estanco.

10 Escribe una postal a un/a amigo/a explicándole cómo es el lugar donde estás pasando tus vacaciones. No te olvides de escribir el nombre y la dirección.

11 Completa con **un**, **uno**, **una** o **ningún**, **ninguno**, **ninguna**.

1. • ¿Tienes _____ diccionario?

   ○ En mi dormitorio hay _____ .

2. • ¿Tiene _____ aspirina, por favor?

   ○ Lo siento, no tengo _____ .

3. • En la nevera hay _____ cerveza, creo.

4. • Encima de la mesa o al lado del teléfono hay _____ bolígrafo.

   ○ Aquí también hay _____ .

5. • Aquí cerca hay _____ restaurante de comida argentina.

   ○ Cerca de mi casa también hay _____ .

6. • No, por aquí no hay _____ cajero automático.

7. • Perdone, ¿para ir al lago?

   ○ Por aquí no hay _____ lago.

8. • ¿La ópera está cerca?

   ○ Es que aquí no hay _____ ópera.

9. • ¿Tienes discos de música latinoamericana?

   ○ Sí, pero sólo tengo _____ .

10. • ¿Dónde hay _____ gasolinera?

    ○ Hay _____ allí mismo, en la esquina.

12 Completa las preguntas con **cuántos** o **cuántas**.

1. ¿_____ habitantes tiene Bogotá?

2. ¿_____ personas hablan español en el mundo?

3. ¿A _____ kilómetros de Granada está Sevilla?

4. ¿_____ habitantes tiene Alemania?

5. ¿_____ camas hay en tu casa?

6. ¿A _____ minutos está la Plaza Mayor de aquí?

13 Aquí tienes un mapa de la autopista que va de Bilbao a Vitoria. Míralo atentamente y contesta a las preguntas.

1. ¿Cuántas gasolineras hay?
2. ¿Hay algún hotel en el kilómetro 6?

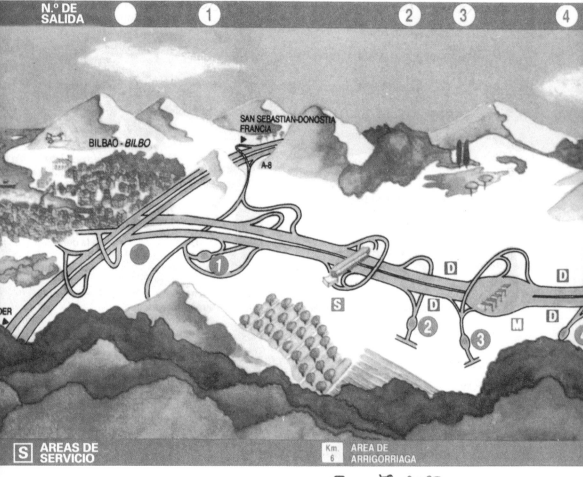

N.º DE SALIDA ● **1** **2** **3** **4**

SAN SEBASTIAN-DONOSTIA
FRANCIA
▶

BILBAO · *BILBO*

A-8

ER
▶

S **AREAS DE SERVICIO**

Km. 6 AREA DE ARRIGORRIAGA

Km. 13

3. ¿Y en el kilómetro 36?
4. ¿Cuántas áreas de descanso hay?
5. ¿Dónde hay cabinas telefónicas?
6. ¿Hay algún restaurante en el kilómetro 64?
7. ¿Hay alguna tienda en el kilómetro 36? ¿Y en el 6? ¿Y en el 64?
8. Explica un poco el paisaje en este plano.

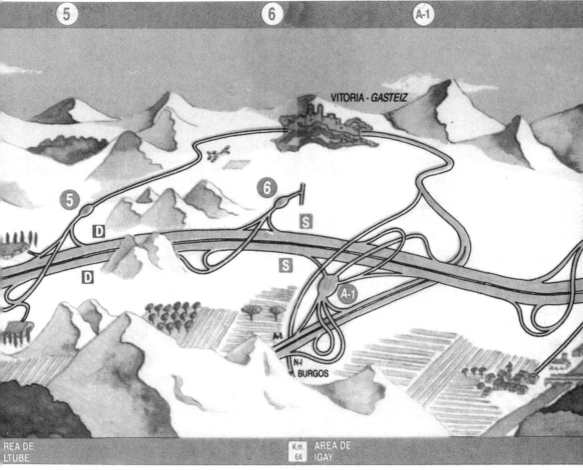

REA DE
LTUBE

Km. 64 AREA DE IGAY

14 Dibuja un plano de tu casa y escribe el nombre de cada pieza. Luego, dibuja con más detalle tu dormitorio y escribe el nombre de todo lo que hay en él.

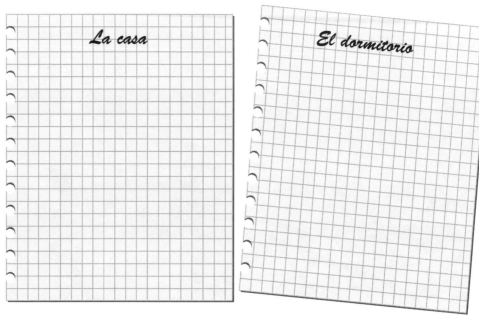

La casa

El dormitorio

Ahora, ¿por qué no se lo explicas a tus compañeros/as?

➡ Mi piso tiene una sala, un dormitorio,... Y en mi dormitorio hay una cama, está a la izquierda. Al lado hay...

15 Algunas personas te preguntan por Doña Eñe. Contéstales explicando lo que está haciendo. Para ello tienes que basarte en la información que te da cada uno de los dibujos.

¿Qué está haciendo Doña Eñe?

1 Completa estas frases, pero cuidado con los Presentes irregulares.

1. • ¿Cuál (preferir) _____ ustedes?
   ○ Yo, éste.

2. • ¿Cuál (preferir) _____ vosotros?
   ○ Yo (preferir) _____ éste.
   ▲ Y yo, aquél.

3. • ¿Cuánto (costar) _____ un café en Puerto Rico?

4. • Señor Martínez, ¿(poder) _____ poner esto en la biblioteca, por favor?

5. • ¿(Poder, vosotros) _____ ir al supermercado?

6. • ¿(Jugar, tú) _____ al tenis?

7. • ¿(Jugar, vosotros) _____ al fútbol?

8. • ¿(Querer, tú) _____ ir en bicicleta o en coche?

9. • ¿(Querer, vosotros) _____ ir en bicicleta o en coche?

10. • ¿(Seguir, nosotros) _____ por esta calle?

11. • Para ir a la Plaza Mayor, (seguir, usted) _____ todo recto. Al final de la calle, hay una plaza. Es la Plaza Mayor. Está a unos quinientos metros.

12. • ¿Cuánto (costar) _____ estas gafas?
    ○ Tres mil novecientas noventa y nueve.

2 Imagina que dos personas están eligiendo entre varias cosas.
¿Qué crees que dirán en cada caso?

• _____

○ _____

➪ • ¿Cuáles prefieres?
   ○ Éstos. ¿Y tú?

• _____   • _____   • _____

○ _____   ○ _____   ○ _____

3 ¿Qué crees que es mejor? ¿Por qué? Utiliza **preferir** o **es mejor**.

⇨ • Yo prefiero vivir solo porque tengo más libertad.

> vivir solo o con la familia
> viajar o trabajar siempre en el mismo sitio
> vivir en una ciudad grande o en un pueblo
> vivir en una casa o en un piso
> trabajar para una empresa privada o ser funcionario
> ser hombre o mujer
> trabajar o estudiar

4 Imagina que eres un sabio inventor y que puedes diseñar el robot de tus sueños, el que va a solucionar todos tus problemas cotidianos: dibújalo y anota todas sus características, cómo es y lo que sabe hacer, de modo parecido a como se describen el Magicamigo 2 y el Robotomic XXY.

5 ¿Cuánto cuesta en tu ciudad...? Escribe en letras la cantidad, si estás seguro, o si no, una cantidad aproximada (**unos/unas** ...).

un periódico

una camiseta

una cinta de vídeo

desayunar en un hotel

una entrada de fútbol

un helado

un croissant

un kilo de plátanos

comer en un restaurante

una bolsa de viaje

un billete de metro

una copa en un bar nocturno

una nevera

una novela

6 Imaginemos que hoy, en el mercado de divisas, un dólar vale 120 pesetas. ¿Cuánto serían...?

ciento cuarenta pesetas _____

setecientas pesetas _____

siete mil pesetas _____

treinta y cinco pesetas _____

tres millones y medio de pesetas _____

catorce mil pesetas _____

siete millones setecientas mil pesetas _____

trescientas cincuenta mil pesetas _____

7 Imagina que un español o una española te explica estas cosas sobre las costumbres de su país. ¿Qué les respondes tú si quieres contrastarlas con las del tuyo?

⇨ Los españoles comemos mucho arroz.
Los italianos no. Los italianos comemos mucha pasta.

En España la medicina pública funciona bastante mal.
Los españoles se acuestan muy tarde, a las once o a las doce.
Los españoles desayunan muy poco. Algunos, sólo un café o un café con leche.
En invierno en algunas regiones, en Castilla, por ejemplo, hace mucho frío.
Los españoles hacen muchos gestos cuando hablan.
La comida es muy importante para los españoles.
En España se come mucho pescado.
Para hablar con un joven en la calle se usa siempre «tú».
La mayoría de los jóvenes van a las discotecas los fines de semana.
En España hay bastantes parados, especialmente jóvenes y mujeres.
Los españoles toman mucha cerveza.
En las carreteras españolas hay límite de velocidad, 120 km/h. en las autopistas y 90 km/h. en otras carreteras.

Ahora, puedes contrastar tus opiniones con las de tus compañeros. ¿Estáis todos de acuerdo?

8 Ya conoces este texto sobre la lengua española. ¿Puedes reconstruirlo ahora con las palabras o expresiones de la lista? Algunas tienes que usarlas varias veces y, para completar algunos huecos, tienes varias posibilidades.

1. misma   4. de la misma manera   7. más
2. diferencias   5. mismo   8. como
3. igual   6. distintas   9. parecida

EL ESPAÑOL DE ESPAÑA Y EL ESPAÑOL DE AMÉRICA: una lengua, muchas lenguas

No se habla ●●●● en Madrid, en Sevilla, en Buenos Aires, o en México D.F.

En un ●●●● país no hablan igual los campesinos, los obreros, los estudiantes o los escritores. Incluso tampoco hablan igual dos familias ●●●● de un mismo pueblo.

Lógicamente, una lengua ●●●● el español , hablada por muchas personas y en muchos países, presenta ●●●● en las distintas regiones donde se habla.

Algunos sonidos no se pronuncian ●●●●. Por ejemplo, las eses finales: en Andalucía, en la costa argentina o venezolana, o en Chile, se aspiran o desaparecen. Una expresión como «los hombres», por ejemplo, se pronuncia en algunas regiones «loombre» o «lohombreh».

Por otra parte, hay que señalar que las diferencias (fonéticas, léxicas o sintácticas) son ●●●● importantes en la lengua familiar y mucho más pequeñas en la lengua literaria o culta, que es muy ●●●● en todos los países hispanohablantes.

Cualquier hablante que viaja a otro país descubre que pueblos con culturas distintas, con una historia distinta, usan la ●●●● lengua: el español.

 9 ¿Cuál es la diferencia entre estas informaciones?

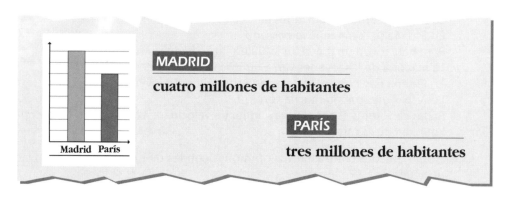

MADRID

cuatro millones de habitantes

PARÍS

tres millones de habitantes

Madrid   París

RRTX 14 Turbo
3.500.000 ptas.
180 km/h.

L9
1.600.000 ptas.
160 km/h.

Apartamento. c/ Princesa.
Un dormitorio.
65.000 ptas/mes

Piso 3 habitaciones.
2 baños. c/ Zaragoza.
94.000 ptas/mes

HOTEL MIRAFLORES
a dos kilómetros de la playa
piscina, tenis
5.900 ptas/noche
180 habitaciones

HOTEL BAHÍA
a 200 metros del mar
discoteca
6.400 ptas/noche
35 habitaciones

ALGODÓN 7.000 ptas

ALGODÓN
7.000 ptas

10 Mira estos dibujos. Hay diez diferencias. ¿Puedes encontrarlas y explicarlas en español?

11 A veces tenemos que ponernos de acuerdo sobre el objeto del que estamos hablando.

⇨ • ¿Qué disco quieres oír? ¿Éste?
   ○ No, el otro.

1. • ¿Es un libro español?
   ○ ¿Cuál éste?
   • No, _____ .
   ○ Sí, sí, es de Rosa Montero.

2. • ¿Quieres éstos?
   ○ No, _____ .

3. • Es una amiga
   mía chilena.
   ○ ¿Ésta?
   • No, _____ .

4. • Hoy hay una película muy buena.
   ○ ¿«Viva Zapata»?
   • No, _____ .

5. • ¿Quieres ver éstas?
   ○ No, _____ .

6. • ¡Qué bonitas!
   ○ ¿Éstas?
   • No, _____ .

7. • Es una raqueta muy buena.
   ○ ¿Cuál? ¿Ésta?
   • No, no, _____ .

12 ¿Por qué no completas estas transcripciones y las relacionas con su cifra correspondiente?

2.312	_____ doce mil quinientos
4.805	cincuenta y tres mil _____ catorce
18.210	seiscientos _____ mil cuatrocientos veinte
25.904	dos mil _____ doce
53.614	novecientos cuarenta y dos mil _____
212.500	tres _____ cuatrocientos cincuenta y siete mil
620.420	catorce millones _____ ochenta mil
942.013	_____ mil ochocientos cinco
3.457.000	veinticinco _____ novecientos cuatro
14.580.000	dieciocho mil doscientos _____

13 Estas son las cifras de habitantes de algunas provincias españolas. ¿cúal es la provincia que tiene más habitantes? ¿Y la que tiene menos?

Vizcaya
un millón
doscientos dieciséis mil
seiscientos noventa y dos

Zaragoza
ochocientos treinta y cinco mil
novecientos ochenta

Valladolid
cuatrocientos ochenta y ocho mil
setecientos ochenta y ocho

Asturias
un millón
ciento treinta y cuatro mil
ochocientos veintiséis

Sevilla
un millón
quinientos cincuenta y cuatro mil
cuatrocientos noventa

Barcelona
cuatro millones
setecientos diecinueve mil
doscientos veintiuno

Granada
setecientos noventa y siete mil
novecientos cuatro

Alicante
un millón
ciento ochenta y dos mil
novecientas cuarenta

Valencia
dos millones
ciento veintiséis mil
setecientos treinta y nueve

Madrid
cuatro millones
ochocientos noventa y tres mil
setecientos diecisiete

14 Algunas de estas palabras no corresponden a la lista en la que están, ¿Cuáles? Colócalas en su lugar.

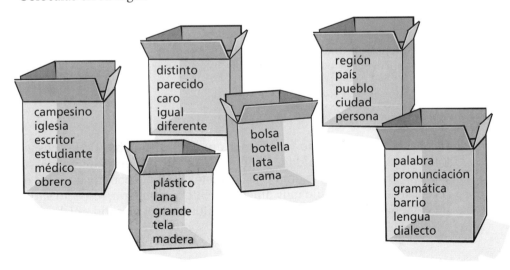

campesino
iglesia
escritor
estudiante
médico
obrero

distinto
parecido
caro
igual
diferente

región
país
pueblo
ciudad
persona

bolsa
botella
lata
cama

plástico
lana
grande
tela
madera

palabra
pronunciación
gramática
barrio
lengua
dialecto

15 Como se dice en el texto 2, todas las lenguas presentan diferencias regionales, sociales, etc. Vuelve a leer este texto, piensa en lo que sucede con tu lengua y escribe tus comentarios sobre las diferencias que crees que pueden observarse, desde diversos puntos de vista, tal y como se hace en el texto 2 con el español. Busca ejemplos de los diversos acentos, de diferencias de vocabulario, etc.

 16 Escucha la *Canción Marina* y ordena los elementos para obtener el texto completo. Si no lo entiendes puedes preguntar y comparar con tus compañeros.

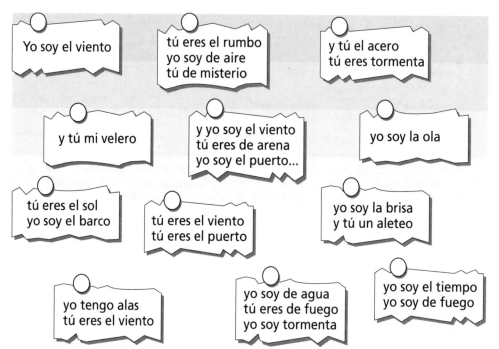

Ahora piensa en una persona (entre tus amigos) y escribe una segunda estrofa. Puedes aprovechar palabras de la canción o poner otras cosas.

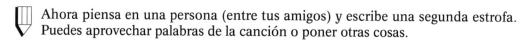 **17** Para hacer este ejercicio vas a tener que utilizar muchas de las cosas que has aprendido en esta unidad. Reúnete con otros compañeros de tu misma nacionalidad: vais a imaginar que sois unos célebres periodistas a los que se les ha encargado un artículo muy difícil. Tenéis que comparar, respecto varios puntos de vista, España y vuestro país. Buscad información, discutid y elaborad un texto.

1 Puedes decir muy bueno o **buenísimo**, ¿verdad? Pues... ¿cómo se puede decir también...?

muy difícil _____

muy feo _____

muy malo _____

muy seguro _____

muy barato _____

muy raro _____

muy contenta _____

muy dura _____

muy pequeñas _____

muy delgado _____

muy pesado _____

muy caro _____

2 ¿Cómo agruparías tú estas palabras en las cinco listas?

hermano	amigo	gordito	hija	socio	alto
guapa	novio	gris	blanco	marrón	ojos
moreno	nariz	antipático	azul	inteligente	rubia
verde	serio	tímido	cabeza	compañero de trabajo	

Relación entre personas	Aspecto físico	Partes del cuerpo	Carácter	Colores

3 ¿Qué sabes de estos personajes? Escribe, al menos, diez frases sobre quiénes son, cómo son, físicamente o de carácter, y qué relaciones tienen entre ellos. Luego todos los compañeros pondréis en común lo que recordáis y trataréis de reconstruir toda la información del texto 1.

4 ¿Cómo responderías a estas personas comparando tus cosas o las personas con las que tienen una relación con las tuyas?

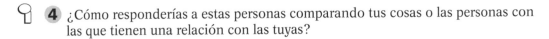

⇨ • Mi barrio no es muy bonito.
   ○ El mío tampoco. Y es bastante ruidoso.

1 Mi habitación es muy pequeña.
_____

2 Mis compañeros de clase son muy jóvenes.
_____

3 Mi país tiene muchos problemas.
_____

4 Mi ciudad es bastante aburrida.
_____

5 Mi mejor amiga tiene la misma edad que yo.
_____

6 Mis hermanos son mayores que yo.
_____

7 Mi padre está siempre de mal humor.
_____

5 Quieres confirmar quién es el propietario de una serie de objetos. Por la situación está ya claro a qué nos referimos. ¿Cómo son las preguntas?

Objeto	Crees que es/son de...	
⇨ unas botas	Vd.	• *Son suyas, ¿no?*
una cazadora	tú	_____
unas maletas	vosotros	_____
un coche	ella	_____
una casa	ellos	_____
dinero en una mesa en un bar	nosotros	_____
unos pasaportes	ustedes	_____
unos pantalones	tú	_____
unas zapatillas	Vd.	_____

6 Imagina que tienes que referirte a estos personajes sin decir su nombre. Tendrás que identificarlos con alguna de sus características (**el del bigote**), o aludiendo a lo que están haciendo (**la que lee**), a algún objeto o prenda que llevan (**el de la corbata**), etc.

7 ¿Cuál/es prefieres? Identifica el objeto que prefieres usando **el de** o **el que**.

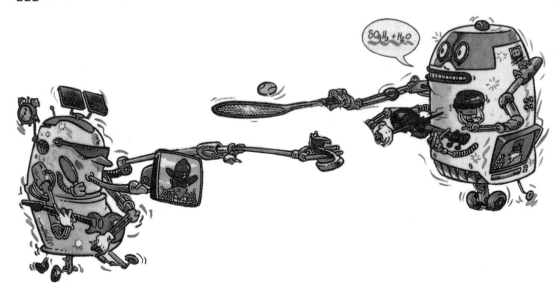

8 ¿De quién crees que están hablando? Relaciona cada diálogo con uno de los personajes.

• ¿Aquélla de allí? ¿La rubia?
○ Sí, ésa, la de las gafas de sol...
• Es Paula, una amiga de la escuela.

• ¿Quién es ése que está hablando por teléfono?
○ Félix, un compañero mío de clase.
• Es guapo, ¿no?
○ No está mal...Pero no es mi tipo. Demasiado delgado.

• Mira, Pablo.
○ ¿Quién?
• El del pelo corto...Es Pablo. ¿No lo conoces?
○ No...
• Es el novio de Susana.
○ Ah...

• Esa señora es la madre de Luis, ¿verdad?
○ ¿Quién? ¿La morena ?
• Sí, la de las gafas.
○ ¡No! Esa no es la madre de Luis.

• ¿Quién es Paco Gálvez?
○ Es ése de ahí, el gordito.
• ¿El que mira el reloj?
○ Sí.

9 ¿Cómo completas estas conversaciones siguiendo el modelo?

⇨ • ¿Esta chaqueta es la tuya?
   ○ No, la mía es aquélla.

1. • ¿Estas gafas son las tuyas?
   ○ No, _____ .

4. • ¿Esta moto es la tuya?
   ○ No, _____ .

2. • ¿Este café es el tuyo?
   ○ No, _____ .

5. • ¿Estos libros son los tuyos, Jaime?
   ○ No, _____ .

3. • ¿Esta cerveza es la suya, Sr. López?
   ○ No, _____ .

6. • ¿Estas revistas son las suyas, Sra. Díaz?
   ○ No, _____ .

10 Elige a tres miembros de la clase y descríbelos sin decir su nombre con tres de sus rasgos físicos o personales. Luego leerás las descripciones al resto de la clase. Tus compañeros tienen que adivinar de quién se trata en cada descripción.

11 Completa estas frases.

1. • Yo no (conocer) _____ a la novia de Santi. ¿Tú la (conocer) _____?
   ○ No, yo tampoco.

2. • Tú y tu hermano no os (parecer) _____ nada...
   ○ No, nada. Yo me (parecer) _____ a mi padre y él se (parecer) _____ a mi madre.

3. • ¿Cómo se (traducir) _____ al español "newspaper"?
   ○ No sé. Yo hablo bien el alemán pero (traducir) _____ muy mal.

4. • ¿(Conducir) _____ tú o (conducir) _____ yo?

5. • Conoces a Tina?
   ○ Sí, sí que (yo, conocer) _____ a Tina. Es una chica muy simpática e inteligente.

6. • No sé dónde dormir en Madrid.
   ○ Hombre, yo te (yo, ofrecer) _____ mi casa. Sólo tengo un sillón, pero...

7. • Con este nuevo peinado (yo, parecer) _____ a Maribel Verdú.

12 ¿Qué tal tu capacidad de deducción lógica? A ver si eres capaz de completar la caja con los datos de estos tres chicos.

Uno de los chicos tiene 32 años.
El más joven tiene 21 años.
El moreno tiene 26 años.
El más simpático es biólogo.
Dos son rubios y uno moreno.
El más despistado es moreno.
El más serio no es Arturo .

El que tiene 26 años es fotógrafo.
Alberto es el más joven.
Alberto no es el más simpático.
Arturo es fotógrafo.
Jaime es biólogo.
Uno de ellos es arquitecto.
El más serio no es biólogo.

Nombre			
Edad			
Pelo			
Profesión			
Carácter			

13 Quieres escribir a la sección de correspondencia de una revista española para buscar amigos españoles. Escribe una carta explicando cómo eres tú y qué tipo de persona estás buscando, para qué, etc.

14  Aliénez, el extraterrestre, tiene otra difícil misión de investigación. Su jefe en Alienilandia le ha pedido un informe científico sobre cómo son los humanos, física y mentalmente, qué carácter tienen, cómo se comportan, etc. Como es un trabajo difícil os ha pedido ayuda. Reúnete con dos compañeros, discutid qué vais a poner y escribid el informe.

1 Completa las frases usando el Pretérito Perfecto:

1. • ¿(*Estar, usted*) _____ alguna vez en Venezuela?
   ○ No, nunca.
2. • ¿(*Leer, tú*) _____ la última novela de García Márquez?
   ○ No, todavía no la (*leer*) _____ .
3. • ¿(*Ver, vosotros*) _____ a Carlos últimamente?
   ○ Yo, sí. (*Estar*) _____ con él esta mañana.
4. • ¿(*Hacer, vosotros*) _____ el examen?
   ○ Sí, a las cuatro.
5. • ¿(*Ir, ustedes*) _____ alguna vez al Museo del Prado?
   ○ No, no (*ir, nosotros*) _____ nunca a Madrid todavía.
6. • ¿Qué tal las vacaciones?
   ○ Fantásticas. (*Ser*) _____ un verano estupendo.
7. • ¿Y qué (*hacer, ustedes*) _____ estas Navidades?
   ○ Nada especial. (*Ver, nosotros*) _____ a toda la familia.
8. • ¿Está Carmen?
   ○ No, (*salir, ella*) _____ hace un rato y todavía no (*volver, ella*)
   _____ .
9. • ¿Qué (*decir*) _____ tus padres?
   ○ (*Enfadarse, ellos*) _____ porque esta noche (*volver, yo*)
   _____ muy tarde a casa.
10. • La clase de hoy (*ser*) _____ aburridísima, ¿verdad?

2 Contesta a las preguntas utilizando estas expresiones:

nunca
una vez
alguna vez
dos o tres veces
x veces
varias veces
muchas veces

¿Has visto alguna vez un cuadro de Picasso?
¿Has viajado alguna vez en barco?
¿Has tenido alguna vez miedo a la oscuridad?
¿Has tenido alguna vez dolor de cabeza?
¿Te has mareado viajando en avión?
¿Has salido en la tele alguna vez?
¿Has estado en algún país de habla española?
¿Has comido paella?
¿Has bebido en porrón?

3 Contesta a estas preguntas usando **ir a** + Infinitivo.

¿Qué piensas hacer el fin de semana que viene?

1 _____

¿Vas a salir con tus amigos esta noche?

2 _____

¿Vas a ir al cine el viernes por la noche?

3 _____

¿Pensáis hacer algún viaje este verano con tu familia?

4 _____

¿Vas a organizar alguna fiesta el día de tu cumpleaños?

5 _____

¿Qué piensas hacer en Navidad?

6 _____

 4 Has recibido esta carta de un amigo que quiere venir de visita, pero no te va bien. ¿Por qué no le escribes explicando tus planes? Tienes que usar: **lo siento mucho pero es que ...**

El lunes de la próxima semana voy a ir a Londres y el fin de semana pienso ir a verte. Pienso llegar a tu casa el viernes al mediodía o después de comer y pienso quedarme hasta el domingo por la noche o el lunes por la mañana. El lunes por la noche tengo que volver aquí. ¿Te va bien este plan? Espero que sí.

Un abrazo.

5 Has estado en uno o dos de estos lugares y has hecho estas cosas. Escribe una postal a un/a amigo/a explicando qué ha sido más interesante.

  Querido Pedro: He pasado tres días en Mérida. He visto...

Mérida: tres días.
Visitas: Plaza Mayor, edificios coloniales, pinturas de Pacheco en el Palacio de Gobierno, colección de arte precolombino en el Museo de Arqueología.
Compras de artesanía en el mercado municipal.
Paseos con amigos mexicanos.
Mucho tequila.
Días muy agradables.

Cancún: cuatro días.
Todo el día en la playa, debajo de las palmeras.
Por primera vez en la vida: excursión por la jungla.
Unas vacaciones fantásticas.

Uxmal: dos días.
Visita a las pirámides y templos mayas.
Subida de la Pirámide del Adivino (118 escalones).
Muchas prácticas de español con los mexicanos.
Experiencia muy interesante.

6 Aquí tienes la carta que Toño, un estudiante madrileño, ha escrito a su amiga Ana. En ella explica algunas de sus últimas experiencias y sus planes. ¿Por qué no lees la carta?

Querida Ana:

Últimamente he tenido muy poco tiempo y no he podido escribirte. He hecho muchísimas cosas: he tenido los exámenes finales, he dado clases de español a unos japoneses, he ido a clases de alemán, he trabajado en una hamburguesería los fines de semana, he vuelto tardísimo por las noches a casa... Pero todo ha ido muy bien: he aprobado todos los exámenes y he ganado bastante dinero.

He decidido viajar el mes de agosto. Me he comprado un billete «inter-rail». Pienso recorrer toda Europa: París, Bruselas, Amsterdam, Berlín, Praga... También he visto un plano de los albergues que hay en Europa: hay muchos y muy baratos. Voy a pasar el mejor agosto de mi vida: voy a recorrer ciudades bonitas, voy a comer las cosas típicas de cada lugar, voy a ver museos, a hacer fotos y a dormir, a dormir muchísimo.

También he pensado en ti. ¿Quieres venir conmigo? Puedo recogerte en Barcelona y podemos hacer el viaje juntos.

Hasta pronto. Un beso.

Toño.

 Agrupa, ahora, los verbos que se refieren al pasado y los que se refieren a sus planes.

Experiencias pasadas	Planes

Luego, trata de deducir el Infinitivo de cada verbo.

7 Forma el máximo número de frases posible con un elemento de cada columna. Mira bien las expresiones de tiempo para escoger la forma del verbo correcta.

Dentro de unos meses	ha sido	muchos problemas.
Últimamente	han sido	ir a Canarias.
El fin de semana	pienso	fantástico.
La semana que viene	voy a	muy aburridas.
Después de cenar	he tenido	tomar una copa.
A las diez y media	vamos a	la tele un rato.
Estas Navidades	hemos visto	hablar con el médico.

8 Imagina que estás escribiendo un diario por las noches. ¿Qué vas a contar del día de hoy?

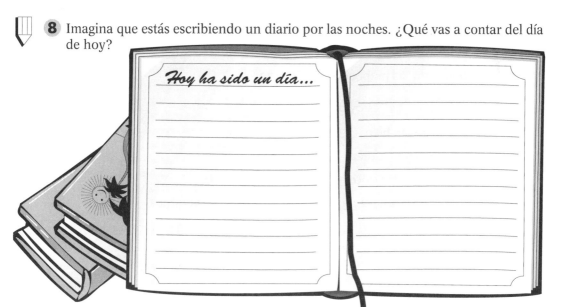

Hoy ha sido un día...

9 Imagina que estás paseando por una ciudad española y que, en distintos momentos del día, te preguntan:

➪ Perdone, ¿tiene hora?

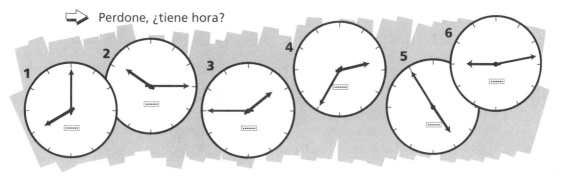

10 Completa con **a la/las** o con **la/las**.

1. • ¿Qué hora es?
   ○ _____ ocho menos veinticinco.

2. • Perdone, ¿tiene hora?
   ○ Sí, son _____ diez y veinte.

3. • ¿A qué hora piensas salir de casa?
   ○ _____ una.

4. • ¿Nos vemos _____ tres o _____ cuatro?
   ○ _____ cuatro, mejor.

5. • ¿Tienes hora?
   ○ Sí, es _____ una.

6. • ¿A qué hora empieza el cine?
   ○ _____ ocho, creo.

11 Completa con las preposiciones **de** o **por**.

1. _____ la mañana estoy de mal humor.
2. ¿Duerme usted bien _____ la noche?
3. El examen es a las diez _____ la mañana.
4. El avión sale a las cinco _____ la tarde, ¿verdad?
5. ¿Cuándo nos vemos? ¿_____ la mañana o _____ la tarde?
6. Quedamos a las once _____ la noche, delante de la discoteca, ¿vale?

12 Contesta la verdad a estas preguntas.

1 ¿Qué día es tu cumpleaños?
_____

2 ¿Te duchas por la mañana o por la noche?
_____

3 ¿A qué hora cenas?
_____

4 ¿A qué hora empezáis la clase de español?
_____

5 ¿Cuántos días estudias español?
_____

6 ¿Qué estación del año prefieres?
_____

7 ¿En qué mes terminan las clases?
_____

8 ¿En qué mes te vas de vacaciones?
_____

9 ¿Qué día es hoy?
_____

10 ¿Qué día tienes el próximo examen?
_____

13 En cada una de estas cajas hay una expresión que no debe estar allí. A ver si las encuentras todas...

14 Contesta a estas preguntas. Tienes que usar los pronombres **lo**, **la**, **los** y **las** y, en algunas ocasiones, **ya/todavía no**.

1 ¿Ya has hecho los deberes?

_____

2 ¿Has regado las plantas?

_____

3 ¿Has aprendido ya los Perfectos irregulares?

_____

4 ¿Has cerrado la puerta de tu casa al salir?

_____

5 ¿Has llamado a Mario?

_____

6 ¿Has probado alguna vez la tortilla española?

_____

7 ¿Has leído el periódico hoy?

_____

15 ¿De cuál de estos sustantivos están hablando en estas frases? Tienes que pensar en el género y en el número, pero también en el sentido de la frase.

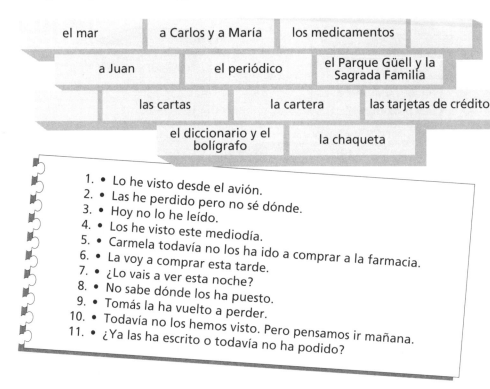

el mar	a Carlos y a María	los medicamentos
a Juan	el periódico	el Parque Güell y la Sagrada Familia
las cartas	la cartera	las tarjetas de crédito
el diccionario y el bolígrafo	la chaqueta

1. • Lo he visto desde el avión.
2. • Las he perdido pero no sé dónde.
3. • Hoy no lo he leído.
4. • Los he visto este mediodía.
5. • Carmela todavía no los ha ido a comprar a la farmacia.
6. • La voy a comprar esta tarde.
7. • ¿Lo vais a ver esta noche?
8. • No sabe dónde los ha puesto.
9. • Tomás la ha vuelto a perder.
10. • Todavía no los hemos visto. Pero pensamos ir mañana.
11. • ¿Ya las ha escrito o todavía no ha podido?

16 Un robot ha contestado estas preguntas. Como ves, no sabe los pronombres en español. Ayúdale a usarlos bien y escribe las respuestas en tu libreta.

1. • ¿Has limpiado mi dormitorio?
   ○ Sí, he limpiado tu dormitorio.
2. • ¿Has preparado la comida?
   ○ Sí, he preparado la comida.
3. • ¿Has visto las noticias de la tele?
   ○ Sí, he visto las noticias de la tele.
4. • ¿Has hecho los deberes de español?
   ○ No, todavía no he hecho los deberes de español.
5. • ¿Has visto al robot que vive en el tercer piso ?
   ○ Sí, esta mañana he visto al robot que vive en el tercer piso.
6. • ¿Has puesto tu ropa en el armario?
   ○ No, todavía no he puesto mi ropa en el armario.
7. • ¿Has llevado los abrigos y las chaquetas a la lavandería?
   ○ Sí, esta mañana he llevado los abrigos y las chaquetas a la lavandería.

17 Para contestar a estas preguntas, tienes que usar dos pronombres.

⇨ ¿Le has comprado el regalo a Julio?
Sí, se lo he comprado esta tarde.

1 ¿Le has devuelto el diccionario a tu profesora?
_____

2 ¿Les has escrito una carta a tus amigos españoles?
_____

3 ¿Les has enseñado las fotos de México a Pancho y a Guadalupe?
_____

4 ¿Te ha enseñado Margarita el vestido que se ha comprado?
_____

5 ¿Te has tomado la aspirina?
_____

6 ¿Os habéis comprado los billetes para el viaje?
_____

7 ¿Le has dicho a Jaime que piensas ir a verlo?
_____

8 ¿El pastel te lo has comido tú o Ricardo?
_____

9 ¿Te has puesto los pantalones nuevos?
_____

10 ¿Le habéis dicho a Martina que mañana hacemos una fiesta?
_____

11 ¿Joaquín te ha regalado este disco o te lo ha dejado?
_____

1 Vamos a escuchar otra vez la cinta de la actividad 1 del Libro del Alumno. ¿Puedes completar ahora las transcripciones?

- Yo este año me voy a México. _____ las culturas antiguas y el arte precolombino, en particular. México D.F., la capital es una ciudad _____ ... A mí me gustan las _____ ciudades. Bueno, y además voy a ir a descansar a la _____ unos días, a Cancún. _____ los deportes náuticos.

- Yo _____ las grandes ciudades. Lo que más me gusta es _____ por el monte, observar la naturaleza. También me gusta _____... Claro. Por eso este año me voy a Asturias, en el norte de España. Hay mar y _____. No hace muy buen tiempo, _____ y tal, pero no me importa. A mí _____el calor _____.

- A Madrid, sí... este año, a Madrid. Es una ciudad con mucho ambiente y a mi novia y a mí nos gusta _____ , ir por ahí de copas, ir a _____... También nos interesa la pintura y en Madrid hay museos muy importantes. Además, como _____ la playa...

- A mí _____ más me gusta es la aventura. Este año nos vamos unos cuantos amigos al Amazonas, a la selva colombiana. Es un viaje _____ peligroso pero me encanta _____ lugares muy distintos a mi país. No me interesan nada las grandes ciudades ni los sitios _____.

- _____ yo voy a ir a Barcelona... _____ mucho _____ contemporáneo y la arquitectura. Además la Costa Brava está muy cerca ... A mí no me gusta nada _____ pero a mis hijos _____ el mar. Yo, la verdad, _____ la montaña.

2 En estas fichas hay algunas informaciones sobre cuatro lugares en España. ¿Cuál eliges y por qué para tus próximas vacaciones de verano? Después vas a explicarlo al resto de la clase.

 Yo voy a ir a Cadaqués porque...

Potes
- Comunidad Autónoma de Cantabria (Norte de España).
- Excursiones por los Picos de Europa en Jeep y a pie.
- Montañas muy altas.
- Muy tranquilo.
- Naturaleza muy bien conservada.
- Arte románico y prerománico en los alrededores.
- Pueblos pintorescos cerca.
- La costa no está lejos. Playas muy bonitas y pueblos de pescadores.
- A veces, incluso en verano, mal tiempo.

Madrid

- Comunidad Autónoma de Madrid (Centro de España).
- Casi 4 millones de habitantes.
- Importantes museos, especialmente de pintura.
- Mucho ambiente nocturno: discotecas, bares, tablaos, teatros...
- Se pueden hacer excursiones a ciudades monumentales como Toledo, Ávila, Segovia...
- En verano, mucho calor.

Cadaqués

- Costa Brava (Cataluña).
- Pueblo pequeño.
- Muy turístico pero bien conservado.
- Costa muy bonita.
- Deportes náuticos.
- Clima agradable en verano.
- Mucha gente.
- Cocina típica muy buena.
- Excursiones a Barcelona, Gerona y playas de la Costa Brava.

Hierro
(Islas Canarias)

- La más pequeña de las Islas Canarias (278 Km²).
- Isla muy montañosa.
- Costas cortadas.
- Contacto con la naturaleza.
- Vacaciones tranquilas.
- Pesca y pesca submarina.
- Clima suave.

3 ¿Qué puedes decir en estas situaciones en un restaurante? Puedes consultar los diálogos de la actividad 2 del Libro del Alumno.

1 Quieres tomar un café. Ya has tomado uno.

2 Se han terminado las patatas fritas y quieres más.

3 De primero quieres ensalada.

4 Tu carne está muy buena. Le ofreces probarla a la persona que está contigo.

5 La salsa de tu plato es muy picante.

6 La persona que está contigo no sabe qué tomar.

7 Estás con un amigo y queréis un poco de ketchup.

4 Te encuentras en estas situaciones. ¿Cómo reaccionarías?

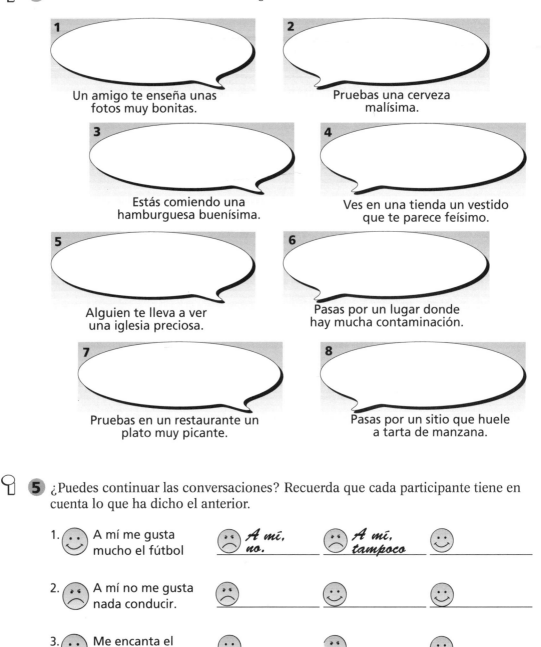

1

Un amigo te enseña unas fotos muy bonitas.

2

Pruebas una cerveza malísima.

3

Estás comiendo una hamburguesa buenísima.

4

Ves en una tienda un vestido que te parece feísimo.

5

Alguien te lleva a ver una iglesia preciosa.

6

Pasas por un lugar donde hay mucha contaminación.

7

Pruebas en un restaurante un plato muy picante.

8

Pasas por un sitio que huele a tarta de manzana.

5 ¿Puedes continuar las conversaciones? Recuerda que cada participante tiene en cuenta lo que ha dicho el anterior.

1. A mí me gusta mucho el fútbol — *A mí, no.* — *A mí, tampoco* —

2. A mí no me gusta nada conducir. —————

3. Me encanta el chocolate. —————

4. A mí no me interesa mucho la política. —————

6 Escucha la canción del número 11 del Libro del Alumno. ¿Qué comidas faltan en la canción?

Entrada/Primer plato

Sopas
Sopa de albóndiguillas
Caldo de tortuga
Sopa húngara
Consomé de almejas

Mariscos
Frescos calamares
Gambas al ajillo
Almejas

Verduras y legumbres
Frito de espinacas
Berenjenas fritas
Patatas bravas
Habichuelas
Frijoles

Segundo Plato

Carne
Solomillo asado con patatas fritas
Sesos huecos
Chuleta de cordero
Hígados
Liebre «Chateaubriand»
Gran cocido parisién

Ave
Pollo asado con ensalada
Faisán relleno
Pavo asado con ensalada

Pescado
Sollo
Truchas a la navarra
Pescadillas fritas
Salmonetes
Bacalao a la vizcaína
Besugo
Truchas
Langosta a la americana

Huevos
Tortilla al ron.
Huevos al gratín
Tortilla de patata

Postres
Crema
Tocino de cielo
Mazapán
Natilla
Flan de «Franchipán»
Flan de avellanas
Frutas
Queso «Rocquefort»
Queso «Gruyère»
Helado
Café

7 ¿Cuántas de estas cosas sabes ya? ¿Cómo se llaman en español?

8 Irene, la jefa de un restaurante, va a ir al supermercado. ¿Puedes ayudarla a ordenar un poco su lista de la compra?

arroz
vino
leche
pescado
carne
fresas
cerveza
pasteles
chocolate
helados
patatas
pasta
tomates
té
plátanos
mariscos

Segundos platos	Cosas para acompañar	Postres	Bebidas

Ahora, haz tú una lista de cosas que quieres comprar para preparar tu menú favorito. A lo mejor tienes que consultar el diccionario o preguntar a tu profesor/a cómo se llaman en español algunas cosas.

9 Completa las fichas con pequeñas listas de tus propios gustos e intereses. Luego vas a explicárselo a tus compañeros y reaccionar ante sus propias explicaciones.

Las tres cosas que más me gusta comer
_____
_____
_____

Las tres cosas que más me gusta hacer
_____
_____
_____

Las tres cosas que menos me gusta hacer
_____
_____
_____

Tres cosas o temas que me interesan mucho
_____
_____
_____

Tres tipos de personas que me gustan
_____
_____
_____

Tres tipos de personas que no me gustan
_____
_____
_____

10 Completa estas frases. Si quieres, puedes consultar el diccionario.

1. A mí no me gusta nada el deporte. Nada... Ni el tenis, ni el fútbol, ni el esquí, ni

_____

2. A mí me gusta mucho leer, leer todo tipo de libros: novelas, teatro _____

_____

3. Yo, de primero, voy a tomar una sopa, de segundo, pescado y_____

4. ¡Qué casa tan bonita! Es realmente _____

5. ¿Qué hacemos? ¿Te apetece ir al cine? ¿O dar un paseo o _____?

6. ¿Qué asignatura te interesa más? ¿ Las matemáticas? ¿La química? ¿_____?

7. ¡Qué mala es la televisión! Sólo hay concursos y películas _____

8. A mí la música que más me gusta es _____

11 Algunas Eñes tienen unos gustos e intereses muy determinados. ¿Cuáles?

⇨ A Clotilde le encantan las hamburguesas.

Clotilde   Elena   Gertrud   Paulina   Genoveva   Lucrecia

12 Estáis hablando de los siguientes temas y tú quieres expresar tus opiniones.
Continúa estas frases usando Pronombre + **encontrar** + Adjetivo.

⇨ De una película «demasiado violenta»
Yo la encuentro demasiado violenta.

De la cocina mexicana «demasiado fuerte» _____

De una chica «muy simpática» _____

De una ciudad «demasiado grande»_____

De unos pantalones «muy caros» _____

De un barrio «horrible» _____

De un programa de televisión «bastante divertido» _____

13 ¿Has visto alguna de estas películas? ¿De qué género crees que son?

Ahora intenta ponerte de acuerdo con un compañero para ir juntos a ver una de estas películas. Tenéis que comentar vuestras preferencias.

14 ¿Cuáles de estas personas o actividades te gustan más? Usa **lo/el/la/ ... que me gusta más**.

Mozart Chopin Beethoven Brahms	Harrison Ford Robert de Niro Woody Allen Antonio Banderas	salir con amigos leer practicar deporte estudiar dormir
hípica golf tenis natación ajedrez	Pablo Picasso Joseph Beuys Salvador Dalí van Gogh	Paul Macarthey Paul Simon Julio Iglesias Bruce Springsteen

1 En esta unidad estás aprendiendo palabras que se refieren a la realidad económica y social de los países. ¿Cuáles son importantes para hablar sobre estos

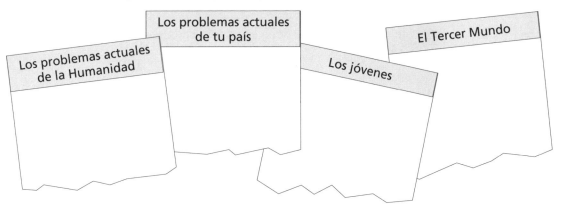

Los problemas actuales de la Humanidad

Los problemas actuales de tu país

Los jóvenes

El Tercer Mundo

Ahora, en grupos de tres, vais a comparar vuestras listas y poneros de acuerdo sobre cuáles son los tres términos más importantes sobre cada tema.

2 ¿Cuáles son los Infinitivos que corresponden a estas formas del Presente de Subjuntivo? A ver si puedes completar el crucigrama.

1. pida
2. durmamos
3. sigas
4. veas
5. vaya
6. hagáis
7. muera
8. salgan
9. veamos
10. seamos
11. tenga
12. diga

3 ¿Con cuántos verbos puedes continuar estas series en tres minutos ?

hable, ande, estudie, ayude, _____

comamos, vivamos, leamos, _____

estudien, contesten, cocinen, _____

aparquemos, bajemos, gastemos, _____

vivas, escribas, recibas, _____

dejéis, nadéis, paséis, _____

Ahora reflexiona un poco. ¿Qué tiene en común cada serie?

4 Completa las frases con los verbos adecuados, en las formas adecuadas. Recuerda que con muchas de estas estructuras tienes que usar el Subjuntivo.

conocer   ganar   tener   ser   saber   salir   poder   haber   acostarse   hacer   venir   estar   ir

1. • ¡Pobre Miguel!
   ○ Sí, es increíble que no _____ encontrar trabajo. Es una persona muy inteligente, muy trabajadora...

2. A sus padres les parece muy mal que _____ todas las noches con sus amigos. Y es que saca muy malas notas en la escuela...

3. • La gente cada día viaja más...
   ○ Es importante que la gente _____ otros países, otras culturas.

4. Es horrible que _____ tanta violencia en los medios de comunicación, en el cine, en la tele, en todas partes...

5. ¿Qué opinas tú, Maribel?
   Pues me parece muy injusto que Elisabeth _____ menos que David. Hacen el mismo trabajo...

6. ¿Es cierto que los españoles _____ casi todos los días muy tarde, a las once o a las doce de la noche?

7. «Es necesario que el Gobierno _____ cambios muy importantes en su política económica», ha declarado el jefe de la oposición.

8. No es cierto que la mayoría de la gente _____ más problemas ahora que hace veinte años. Yo creo que la gente, en España, ahora, vive mejor.

9. • Hay mucho paro y muchos extranjeros vienen y...
   ○ Pues a mí me parece muy bien que muchos extranjeros _____ a nuestro país a vivir. Pero, claro, no todo el mundo piensa igual ...

10. • ¡Qué pareja!
   ○ Sí, es increíble que _____ tan diferentes ... Es que no se parecen en nada.

11. Me parece normal que tu novia _____ enfadada contigo. Siempre estás trabajando, nunca sales ...

12. Es evidente que los precios no _____ a bajar. Suben, suben y suben ...

13. • Elisa quiere ir a la Costa del Sol.
   ○ Sí, pero es lógico que _____ todos los años a Suiza. Su novio tiene a toda su familia en Ginebra.

5 Mira estas expresiones. ¿Con cuáles puedes relacionar las siguientes ideas? Quizás tienes que cambiar las frases un poco. Escribe las soluciones en tu libreta.

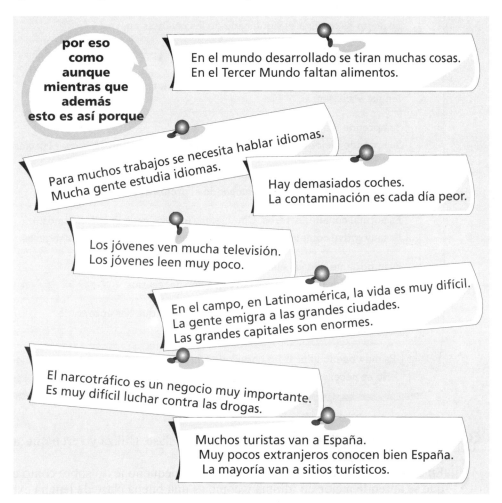

por eso
como
aunque
mientras que
además
esto es así porque

En el mundo desarrollado se tiran muchas cosas.
En el Tercer Mundo faltan alimentos.

Para muchos trabajos se necesita hablar idiomas.
Mucha gente estudia idiomas.

Hay demasiados coches.
La contaminación es cada día peor.

Los jóvenes ven mucha televisión.
Los jóvenes leen muy poco.

En el campo, en Latinoamérica, la vida es muy difícil.
La gente emigra a las grandes ciudades.
Las grandes capitales son enormes.

El narcotráfico es un negocio muy importante.
Es muy difícil luchar contra las drogas.

Muchos turistas van a España.
Muy pocos extranjeros conocen bien España.
La mayoría van a sitios turísticos.

6 Aprender una lengua es una cosa compleja. Y no todo el mundo piensa que se hace igual. ¿Cómo crees tú que se aprende mejor? Señala las opciones que te parecen más acertadas o añade otras.

☐ Lo más importante es hablar.
☐ Lo más importante es leer y escribir. Hablar es más fácil.

☐ Es necesario conocer la cultura, las costumbres de los países para aprender su lengua.
☐ La cultura no es importante. La lengua es una cosa y la cultura es otra.

☐ Lo mejor es traducirlo todo.
☐ Es mejor no traducir nunca.

☐ Cuando leemos o escuchamos, es importante buscar todas las palabras en el diccionario.
☐ Lo mejor es deducir el significado de las palabras nuevas.

☐ Es muy importante estudiar gramática y que el profesor explique mucha gramática.
☐ Estudiar gramática no sirve para nada. Es mejor aprender utilizando la lengua y sin pensar.

☐ Se aprende mejor solo.
☐ Se aprende mejor en grupo, comunicándose con los compañeros y el profesor.

☐ Es necesario que los estudiantes participen en clase.
☐ Los estudiantes aprenden escuchando al profesor.

☐ Es normal cometer errores. Cometemos errores cuando aprendemos.
☐ Es muy grave cometer errores. Es mejor no hablar si no estamos seguros.

☐ Es importante que los ejercicios sean interesantes, divertidos.
☐ Hay ejercicios muy pesados pero que son necesarios.

☐ Los exámenes son muy importantes para saber qué has aprendido.
☐ Los exámenes no son muy importantes.

☐ Es muy bueno utilizar las cosas que hemos aprendido. Así se aprenden mejor.
☐ No es necesario utilizar algo para aprenderlo.

Ahora puedes explicar tus ideas al resto de la clase. Utiliza **yo creo que/a mí me parece que/yo pienso que...**
En casa, puedes también intentar escribir un pequeño texto sobre cómo crees que se aprende mejor un idioma y cómo es una buena clase de lengua extranjera.

7 En todas las familias hay motivos de desacuerdo, ¿verdad? ¿Puedes relacionar estas informaciones sobre la familia Ríos Rojas usando **aunque**, **pero**, **mientras que**... u otros conectores que recuerdes...?

- Laura, la hija mayor, no quiere estudiar. Quiere ser actriz.
- Al Sr. Ríos le parece ridículo que su hijo lleve un pendiente.
- Laura es vegetariana.
- El padre siempre está riñendo a Vicente, el chico, porque no estudia.
- Rita y Berta, las pequeñas, son gemelas.
- Los padres fuman mucho.
- Al Sr. Ríos le parece una tontería que su hija no quiera estudiar.
- Vicente, el hijo, siempre lleva un pendiente.
- La Sra. Ríos no es muy guapa.
- Rita y Berta no se parecen nada físicamente.
- La Sra. Ríos hace cada día carne de segundo plato.
- En casa siempre hablan castellano porque son de origen andaluz.
- Vicente saca muy buenas notas en la Universidad.
- Los hijos son todos muy atractivos.
- Las gemelas tienen sólo 13 años.
- Vicente no estudia nada.
- La televisión siempre está encendida.
- Los Ríos viven en Cataluña.
- Los hijos, con sus amigos, hablan casi siempre catalán.
- A la Sra. Ríos le parece muy bien que su hija quiera ser actriz.
- A las gemelas les parece injusto que no las dejen salir solas de noche.
- Ninguno de los hijos fuma.
- Nadie mira la televisión nunca.

8 Unos españoles opinan sobre los hombres y las mujeres. ¿Cómo les respondes tú?

En el trabajo hay todavía muchas injusticias, mucha desigualdad entre hombres y mujeres.	Hay trabajos mejores para los hombres y trabajos mejores para las mujeres.
Los hombres son más egoístas que las mujeres.	No se educa igual a los niños que a las niñas.
Todas las mujeres conducen mal. No sé por qué pero es así...	¿Yo? Yo prefiero trabajar con mujeres... Son más responsables.
En el fondo todo el mundo es machista...	Los hombres son más sinceros que las mujeres.

9 ¿Recuerdas el significado de estas expresiones? ¿Puedes clasificarlas teniendo en cuenta lo que tienen en común?

fantástico
bien
absurdo
estupendo
peligroso
injusto
terrible
horrible
maravilloso
extraño
lógico
justo
muy mal
increíble
ridículo
una tontería
normal
una vergüenza

Para valorar positivamente algo

Para valorar negativamente algo

Para decir que no se entiende, que sorprende algo

Para decir que se comprende, que no es

10 Imagínate que oyes en la radio estos titulares de las noticias, que se parecen a los que encontramos, todos los días, en los informativos de verdad. ¿Cómo reaccionas? ¿Qué expresiones eliges para reaccionar? Imagina que un interlocutor oye las noticias contigo.

¡Qué peligroso!
¡Qué horror!
¡Qué bien!
Es normal.
¡Qué absurdo!
¡Qué injusto!
Es horrible.
¡Qué interesante!
¡Qué tontería!
Es increíble.
¡Es fantástico!

TERREMOTO en la isla de Cualuché.

No hay daños personales.

La AGEE
(Asociación de Grandes Empresas Españolas)
**ha declarado que los sueldos
van a subir este año un 12%.**

El Profesor Porreño de la Universidad de Toledo ha descubierto un medicamento revolucionario: hace crecer el pelo de los calvos en sólo cinco horas.

El Ministerio de Obras Públicas y Vivienda va a ofrecer casas y pisos gratis a todos los estudiantes.

El 64% de los estudiantes universitarios de nuestro país piensan que los profesores son malos.

UN EMPRESARIO DE SABADELL DESPIDE A UNA OBRERA POR FUMAR.

Más de 60 plantas y 19 especies animales están en peligro de extinción en España. Sólo quedan, por ejemplo, 30 cabras pirenaicas en el valle de Ordesa (Huesca).

«Estamos muy cerca de tener una vacuna contra el SIDA».
Esta es la conclusión más importante del VII Congreso Internacional de Asociaciones Contra el SIDA, celebrado este año en Zurich.

La guerra sigue en la República de Garafistán. Los nacionalistas garafisteños han ocupado esta noche la capital.

LA POLICÍA ENCUENTRA UN CARGAMENTO DE **20.000 KILOS DE HACHÍS** PROCEDENTE DE MARRUECOS.

Tres niños con sus ordenadores entran en el ordenador central del Ministerio de Defensa.

Un equipo de astrónomos españoles descubre 13 nuevos planetas muy cerca de la tierra pero hasta ahora invisibles.

1 Aquí tienes una serie de verbos en Indefinido. ¿Sabes deducir su Infinitivo?

Indefinido	Infinitivo		Indefinido	Infinitivo
empezó	empezar		leyeron	_____
viajaste	_____		condujiste	_____
trabajaron	_____		preferí	_____
escribí	_____		tuvo	_____
hablasteis	_____		oyó	_____
quiso	_____		empezaron	_____
estuve	_____		hice	_____
repitió	_____		pudieron	_____
pedí	_____		durmió	_____

¿Cuáles crees que son irregulares? ¿En qué te basas?

2 Aquí tienes el currículum de Juan Morcillo. Se ha olvidado de poner algunos verbos en primera persona del singular del Indefinido. ¿Puedes ayudarle?

Juan Morcilla
c/Calatrava, 5, 1º A
28037 Madrid

_____ en Madrid, el 15 de junio de 1968.
_____ Educación General Básica (E.G.B.) en el Colegio «Ortega y Gasset» desde 1967 hasta 1982.
_____ curso cuatro veces.
_____ Bachillerato en el Instituto «Jaime Balmes», pero _____ dos veces el primer curso.
En 1986 _____ estudiar Formación Profesional.
_____ en 1992.
De 1992 a 1993 _____ como electricista en la empresa «Pufolux».
En enero de 1994 _____ mi propia empresa.
Ahora soy el director de «MORCILLO, S.A.»

Juan Morcilla

nacer

estudiar

repetir

empezar

suspender

decidir

terminar

trabajar

crear

¿Puedes, ahora, escribir un resumen de este currículum en tercera persona?

3 Completa los siguientes diálogos usando el Indefinido. Cuidado porque, casi todos, son irregulares:

1. • Carlos, ¿has hecho la traducción?
   ○ Sí, la (*hacer, yo*) _____ ayer.
2. • ¿Sabes? El sábado pasado Eduardo y yo (*ir*) ____ a ver una exposición de Dalí.
   ○ ¿Y qué tal?
   • Me (*gustar*) _____ muchísimo.
3. • ¿Qué tal el fin de semana?
   ○ Estupendo. El sábado (*estar, yo*) _____ en la playa, en casa de unos amigos, y el domingo (*quedarse, yo*) _____ aquí. ¿Y tú?
   • Pues yo (*hacer, yo*) _____ muchísimas cosas: (*arreglar, yo*) _____ el jardín, (*lavar*) _____ la ropa, (*dormir, yo*) _____ la siesta y, por la noche, (*venir*) _____ unos amigos a cenar.
4. • ¿(*Ir, tú*) _____ a la fiesta de cumpleaños de Andrea?
   ○ No, no (*ir, yo*) _____. ¿Y tú?
   • Tampoco. Un amigo mío argentino (*estar*) _____ todo el fin de semana aquí y no (*poder, yo*) _____ ir.
5. • El otro día (*ver, yo*) _____ a Carmen López y me (*dar, ella*) _____ muchos recuerdos para ti.
6. • ¿Qué tal ayer con Nicolás?
   ○ Fatal. (*Estar, él*) _____ trabajando todo el día y no (*poder, nosotros*) _____ hablar casi nada.

4 En cada uno de estos enunciados se utiliza un Indefinido. ¿Está en primera persona del singular (*yo*) o en tercera (*usted, él, ella*)?

	yo	usted/él/ella
1. La semana pasada estuve en Madrid.	☐	☐
2. La semana pasada estuvo en Madrid.	☐	☐
3. Vino ayer por la tarde.	☐	☐
4. Vine ayer por la tarde.	☐	☐
5. El lunes tuve muchísimo trabajo.	☐	☐
6. El lunes tuvo muchísimo trabajo.	☐	☐
7. Comí tres o cuatro paellas en una semana.	☐	☐
8. Comió tres o cuatro paellas en una semana.	☐	☐
9. El fin de semana hice mucho deporte.	☐	☐
10. El fin de semana hizo mucho deporte.	☐	☐

5 ¿Qué estuvo haciendo toda esta gente el pasado fin de semana? Para contestar utiliza **estar**+Gerundio.

1. Los Pérez y los Gómez
el domingo por la tarde

2. Pedro
toda la tarde del sábado

3. El señor Miquel
el domingo por la mañana de nueve a una.

4. Enrique
todo el fin de semana

5. Los señores Galdós
el sábado por la mañana

6. Mariana y Pablo
el domingo

7. Nieves
el sábado y el domingo

6 Transforma las siguientes frases según el modelo:

➪ Se fue en marzo a Buenos Aires. *Se fue hace **x** meses a Buenos Aires.*

1. El niño de Javier y de Patricia nació en noviembre del año pasado.
2. Klaus empezó a trabajar en 1992.
3. Mario y Raquel han llegado hoy, a las siete de la mañana.
4. Tuve el accidente el verano pasado.
5. En 1993 estuvimos por primera vez en un país de habla española.
6. El mes de junio del año pasado nos cambiamos de casa.

7 Da la misma información que la propuesta en cada frase usando **desde** o **desde hace** haciendo las transformaciones necesarias.

➪ En 1993 terminó la carrera de Económicas. *Es economista desde hace **x** años.*
 Es economista desde 1993.

1. Se casaron en 1989.
2. Empezó a trabajar en una empresa española en junio.
3. Se cambiaron de casa el mes pasado.
4. En 1990 nos fuimos a vivir a Lima.
5. En septiembre empezó a estudiar español.
6. En 1992 terminaron la carrera de Medicina.

8 Imagina que unas personas te han dado estas informaciones. Explícalas en tercera persona relacionándolas con **al cabo de** o con **después**.

➪ En julio de1993 terminé *En julio de 1993 terminó la carrera y al cabo*
 la carrera. Y en septiembre *de dos meses empezó a trabajar en MEPE S.A.*
 de 1993 empecé a trabajar *En julio de 1993 terminó la carrera y dos*
 en MEPE S.A. *meses después empezó a trabajar en MEPE,*

1. Nos casamos en 1989. Y en 1990 tuvimos una niña.
2. Empecé a trabajar en una empresa española en junio y en noviembre me despidieron.
3. Entré en el hospital a las nueve de la mañana y a las doce me operaron.
4. En 1990 nos fuimos a vivir a Lima y en 1992 volvimos a Madrid.
5. Mi marido y yo nos compramos una casa en mayo de 1991 y en mayo de 1992 nos separamos.
6. A los cinco años empecé a tocar el piano y a los quince dí mi primer concierto.

9 En los siguientes enunciados, la persona que habla presenta los hechos sin relacionarlos con el momento en que está hablando. ¿Por qué no transformas lo que dice relacionando los hechos con el presente?

⇨ Estuve en Sevilla en Semana Santa.
Esta Semana Santa he estado en Sevilla.

1. El domingo pasado pasé toda la mañana en el gimnasio.

Este domingo _____

2. En julio y agosto me quedé trabajando en Madrid.

Este verano _____

3. En Navidades descansamos muchísimo y comimos muchísimo, también.

Estas Navidades _____

4. En primavera fuimos a esquiar todos los fines de semana.

Esta primavera _____

5. Ayer y anteayer tuve muchos problemas en el trabajo.

Estos días _____

10 Estás en un concurso en el que tienes que comparar distintos momentos de la vida... Ganas si terminas todas estas frases...

1. Ayer fue un día fantástico, pero hoy _____

2. El último fin de semana del mes pasado me divertí muchísimo, en cambio este

domingo _____

3. La última vez que tuve una gripe no me encontré muy mal, sin embargo esta vez

_____

4. Este domingo he ido a una exposición que me ha gustado muchísimo, en cambio,

hace un mes _____

5. Últimamente mi jefe ha estado muy antipático, en cambio, el año pasado

_____

6. La fiesta de cumpleaños de Rosa del año pasado fue muy aburrida, sin embargo,

este año _____

11 Completa estos diálogos. Para ello tienes que decidir si usas Perfecto o Indefinido.

1. • Esta mañana he ido a las rebajas de El Corte Inglés.

   ○ Nosotros _____ ayer.

2. • No sé por qué el niño ayer durmió fatal.

   ○ Ah, pues yo también. Esta semana _____ muy mal.

3. • Hace diez minutos que he terminado la traducción.

   ○ Pues Rodrigo la _____ anteayer, a las doce de la noche.

4. • Todavía no le he comprado nada a Joaquín para su cumpleaños.

   ○ Yo le _____ una tontería el sábado pasado.

5. • Esta semana me he aburrido muchísimo.

   ○ Ah, yo no. Ayer, por ejemplo, _____ muchísimo.

12 Vamos a recordar algunas fechas relacionadas con tu vida...

1. ¿Cuándo naciste? _____

2. ¿En qué año empezaste a estudiar? _____

3. ¿Has tenido alguna vez un accidente? _____ ¿Cuándo?_____

4. ¿Te han operado alguna vez? _____ ¿Cuándo? _____

5. ¿Cuál fue el día más feliz de tu vida? _____

6. ¿Qué día es hoy? _____

13 Imagina que este fin de sema-na te has ido a una pequeña isla. Envía una postal a un/a amigo/a tuyo/a español/a ex-plicándole lo que has hecho.

Isla muy pequeña, de pocos habitantes.
Han elaborado un proyecto ecologista.
No vas de turista, sino que trabajas en el campo.
Te levantas pronto. Desayunas mucho.
Vas al campo a trabajar o cuidas a los animales.
Comes mucho y muy bien.
Trabajas hasta las tres de la tarde.
Vas en bicicleta o paseas junto al mar.
Cenas pescado en el restaurante.
Tomas cervezas con los amigos.
Te acuestas pronto.

14 Aquí tienes un esquema de la biografía de Joan Miró. ¿Por qué no la escribes utilizando algunos de los recursos usados en el texto 1?

> a los x años
> al cabo de
> después
> desde
> durante
> en los años
> en ese momento

20-4-1893: Nace en Barcelona.
1907:   Empieza a estudiar comercio y, también,
               Bellas Artes.
1910:   Trabaja en una droguería
1911:   Se pone gravemente enfermo y tiene que reposar en
               la casa de su familia en Montroig, en el campo de Tarragona.
1912:   Decide dedicarse a la pintura.
               A partir de 1915 pinta paisajes. Gran influencia de Cézanne.
1918:   En noviembre termina la Primera Guerra Mundial y Miró decide ir
               a París.
1920:   Va por primera vez a París. En marzo visita el taller de Picasso. Visita
               museos y exposiciones pero no dibuja. En junio vuelve a España y se
               instala en Montroig donde pinta cuadros con influencias cubistas.
1921:   En febrero viaja por segunda vez a París. 14 de mayo: primera
               exposición individual en París. A partir de ese momento vive entre
               Montroig y París.
               Pinta «La masía».
1922-1924: Conoce a intelectuales (Hemingway, Miller,...) y artistas. El
               surrealismo cambia su pintura. Miró termina su etapa realista.
1929:   Tiene una crisis importante. Dice: «Es necesario asesinar la pintura».
               Empieza a experimentar con nuevas técnicas (collages,
               construcciones con objetos, etc.) Se casa en Palma de Mallorca.
1930-36:   Exposiciones individuales en Barcelona, París, Chicago. Conoce a
               Matisse y a Kandinsky.
               Se declara la guerra civil española (1936-39). Miró decide instalarse
               en París. La guerra produce un nuevo cambio en su pintura, ahora
               oscura, sin color, triste. En 1937 hace una gran pintura mural por
               encargo del gobierno republicano.
1940:   Vuelve a vivir a España con su familia.
1941:   Se va a vivir a Palma de Mallorca.
1942:   Deja Palma y vuelve a Barcelona.
1944:   Empieza a dedicarse a la escultura y sigue pintando sobre tela.
1947:   Pasa nueve meses en Nueva York.
1948-50:   Hace las primeras litografías y los primeros grabados en madera.
1951-56:   Continúa exponiendo – esculturas, pinturas y grabados – en las
               mejores galerías del mundo.
1956:   Decide vivir en Palma de Mallorca. Destruye muchas obras pintadas
               durante la guerra.
1959:   Termina una etapa de su pintura.
1960-1974: Muchísimo trabajo y exposiciones en todo el mundo. Se dedica sobre
               todo a la escultura monumental.
1975:   Nace la Fundación Miró en Barcelona. Miró sigue haciendo grandes
               esculturas para distintas ciudades de todo el mundo.
1983:   Cumple 90 años. El día de Navidad muere en Palma de Mallorca.

15 En el Libro del Alumno te has familiarizado con el léxico relacionado con un currículum vitae. Escribe todas las palabras que recuerdas relacionadas con cada una de estas áreas:

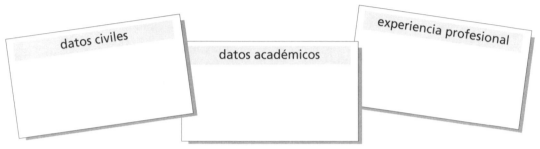

1. Tiene la responsa _____ de la organización de la empresa.

   Es responsa _____ de la organización de la empresa.

2. Se ha licencia _____ en Derecho.

   Es licencia _____ en Derecho.

3. Se ha especiali _____ en Derecho Internacional.

   Es especiali _____ en Derecho Internacional.

4. Realizó el exam _____ de Matemáticas.

   Se exam _____ de Matemáticas.

5. En la actual _____ trabaja en la Universidad.

   Actual _____ trabaja en la Universidad.

6. Ha tenido un aprob _____ en todas las asignaturas.

   Ha aprob _____ todas las asignaturas.

16 Transforma estos enunciados, manteniendo la misma información y el mismo efecto expresivo pero sin usar la voz pasiva.

1. Los delincuentes más importantes de este siglo siempre han sido detenidos por la policía.
2. La pobreza de los países del hemisferio Sur es producida por la riqueza del Norte.
3. Han sido encontrados en Viena los restos del primer hombre que vivió en el planeta.
4. El conocido cantante Julio Ermitas ha sido secuestrado esta mañana por unos jóvenes.
5. Los inmigrantes son acusados de muchas cosas que nunca han hecho por mucha gente.

17 Lee este texto... Si quieres puedes traducirlo a tu lengua.

Y el blues tuvo un hijo y le llamaron...

Situar cronológicamente la fecha en que el *heavy metal* o el *hard* nace no es fácil. En primer lugar, porque el sonido que conocemos como *heavy* tiene sus precedentes y una presencia en el *rock'n' roll* casi desde que el mismo *rock'n' roll* nace. Y en se-gundo lugar, y en contra de lo que dice gran parte de la crítica musical, el *heavy metal* es un género muy rico que se ha ido produciendo paralelamente a la evolución de la música del *rock*. Es el estilo de música que más ha durado dentro del *rock*.

¿Cuándo, cómo y por qué nace el *heavy metal*? Como hemos dicho, es muy arriesgado poner una fecha porque el *heavy* no se crea en un laboratorio, sino que es el producto de una mezcla de sonidos, actitudes y tendencias en el momento en que el *rock* empieza a romper con los esquemas tradicionales con improvisaciones largas y nuevas vibraciones. Eso es más o menos a mediados de los años 60. Es cuando el *rock* se convierte en un lenguaje de ruptura, de revolución, de contracultura para los jóvenes de todo el mundo... Es el momento de *Jimi Hendrix*, de *Jeff Beck* y, posteriormente, de *Led Zeppelin*, *Black Sabbath*, *Uriah Heep*...

1 Completa estos diálogos poniendo los verbos en Imperativo y añadiendo los pronombres que sean necesarios.

1. • ¿Puedo abrir la ventana?
   ○ Sí, claro, (*abrir, usted*) _____.

2. • (*Girar, ustedes*) _____ a la derecha y, luego, (*tomar*) _____ la primera a la izquierda.

3. • Pedro, por favor, (*calentar, tú*) _____ un poco de aceite en una sartén, que ahora voy a hacer la cena.

4. • (*Tomarse, usted*) _____ una aspirina después de las comidas y (*comer, usted*) _____ mucha verdura y mucha fruta.

5. • (*Pasar, ustedes*) _____, (*pasar, ustedes*) _____. ¿Qué tal el viaje?

6. • Carlitos, por favor, (*bajar, tú*) _____ la tele.

7. • A ver... (*Escribir, usted*) _____ una carta al señor Núñez y (*mandar, usted*) _____ este fax.

8. • Señor Martínez, (*salir, usted*) _____ de su despacho y (*venir, usted*) _____ aquí inmediatamente.

9. • (*Seguir, ustedes*) _____ por esa calle, (*cruzar, ustedes*) _____ la plaza y allí mismo, justo enfrente, hay una farmacia.

10. • Javier, por favor, (*poner, tú*) _____ la mesa. La comida ya está lista.

2 Vamos a aprender una nueva receta: las «papas arrugadas» que se hacen en Canarias.
¿Te acuerdas del léxico que has aprendido en el Libro del Alumno?

Además vas a aprender unas cuantas palabras más...

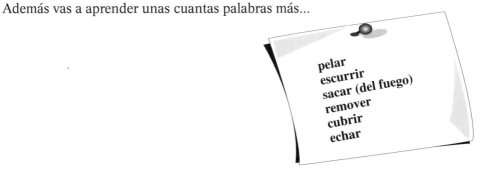

pelar
escurrir
sacar (del fuego)
remover
cubrir
echar

Aquí tienes la receta, pero hay un problema: han caído unas manchas y no se lee bien. ¿Puedes deducir el Infinitivo de los verbos que están incompletos?

INGREDIENTES: 1Kg. de patatas pequeñas (mejor, canarias), 800 g. de sal gorda y agua.

No p🔲 las patatas. Lav🔲 muy bien con agua. Pon🔲 las patatas en una cazuela. Ech🔲 la sal. Cub🔲 con agua. Pero sólo cub🔲 Her🔲 veinticinco minutos. Escu🔲 y dejar las patatas al fuego dos o tres minutos más sin nada de agua. Se comen como acompañamiento de carnes y pescados.

Escribe, ahora, la receta en tu libreta usando **hay que** y **tener que**.
¿Sabes freír un huevo? ¿Y hacer unas patatas fritas? A ver...

 3 Quizá tú tienes alguna fórmula mágica para alguna de estas cosas...

aprobar sin estudiar	tener muchos amigos	
	no enfadarse nunca	gastar poco dinero
no ayudar en casa	no engordar	

… o para otras. Escribe tu fórmula en tu libreta.

4 Reacciona diciendo a estas personas que no hagan lo que preguntan. Acuérdate de que deberás dar una pequeña explicación.

⇨ • ¿Qué te parece? ¿Vamos por la carretera ésa?
  ○ No, no vayáis por ahí. Es una carretera malísima.

¿Cierro la ventana?
1 _____

¿Qué hago? ¿Voy con Julián a la fiesta de Clara?
2 _____

¿Te despierto pronto mañana por la mañana?
3 _____

4 ¿Puedo probar esto?

_____

5 ¿Traigo algo de postre esta noche?

_____

6 ¿Hago yo la cena?

_____

7 ¿Qué te parece? ¿Aunque estoy a régimen me puedo tomar un trozo de chocolate?

_____

8 ¿Tú qué crees? ¿Hago más ejercicios como éste?

_____

5 Completa estos diálogos usando las formas del Imperativo correspondiente y los pronombres necesarios.

1. • ¿Puedo poner la tele?
   ○ No, no _____ todavía, que tengo que terminar esto.
2. • ¿Podemos cerrar la ventana? Es que hace un poco de frío.
   ○ Sí, sí, _____ , por supuesto.
3. • ¿Y qué hago con la tarjeta de crédito?
   ○ _____ ahí y luego aprieta el botón que está a la derecha.
4. • ¿Tengo que apretar este botón para poner en marcha esto?
   ○ Sí, _____ y espera unos segundos.
5. • ¿Hiervo ya los macarrones?
   ○ No, no _____ todavía. Mejor, dentro de cinco minutos.
6. • ¿Enchufo esto?
   ○ No, no _____ , que está estropeado.

6 Una serie de personas van a pedirte permiso para hacer algunas cosas. Concédeselo usando Imperativo. Acuérdate, además, de los pronombres.

1 Hace mucho frío, ¿no? ¿Puedo cerrar las ventanas?

_____

2 ¿Puedo hacer una llamada? Es que tengo que llamar a casa un momento.

_____

3 ¡Qué pantalones tan bonitos! ¿Puedo probármelos, por favor?

_____

4 ¿Puedo pasar?

_____

5 ¿Puedo ir al lavabo?

_____

6 ¿Estos discos son nuevos? ¿Puedo ponerlos un momento?

_____

7 ¿Puedo probar el pastel que has hecho?

_____

8 Esta cámara es nueva, ¿verdad? ¿Puedo mirar una cosa un momento?

_____

 7 Aquí tienes tu agenda para esta semana. Si quieres, puedes añadir las cosas que realmente tienes que hacer.

17 Lunes	**18** Martes	**19** Miercoles	**20** Jueves	**21** Viernes	**22** Sábado
8	¡¡regalo mamá!!	8	8 ¡¡¡ojo!!!	8	Fin de
9	9	9	9 MAÑANA	9	semana:
10	10	10 cumpleaños	10 EXAMEN	10 **EXAMEN**	excursión en
11	11	11 mamá:	11	11	bici
12	12	12 comida y	12	12	
13 .30: comer	13	13 visita a los	13	13 Llevar perro	
14 con Petra	14	14 abuelos	14	14 al veterinario	
15	15	15	15	15	**23** Domingo
16 .45: dentista	16	16	16 reunión revista	16	
17	17	17	17	17	
18	18	18	18	18	
19	19 gimnasia	19 George	19 natación	19	
20	20	20	20 .30: fiesta en	20	
cena con Martín	ojo: viernes	¿cena con	casa de	comprar	
ojo: farmacia	examen	Clara?	María	mercado	
17 Lunes	**18** Martes	**19** Miercoles	**20** Jueves	**21** Viernes	**agosto**

Ahora imagínate que te hacen estas propuestas. Para contestar mira tu agenda y, si no puedes, excúsate.

1. ¿Comemos juntos el lunes?
2. ¿Quieres que vayamos a la piscina el lunes sobre las seis y media o siete de la tarde?
3. ¿Por qué no quedamos el miércoles a la hora de comer o para cenar?
4. He pensado que el miércoles por la tarde voy a ir de compras. ¿Quieres venir?
5. ¿Quieres venir con mi marido y conmigo a pasar el fin de semana en una casa que tenemos en la playa?
6. ¿Quieres que cenemos juntos el jueves?
7. El viernes podemos encontrarnos después del examen y pasar la tarde paseando o en el cine o de compras...
8. ¿Qué tal el jueves a las siete?
9. ¿Quieres que el lunes por la noche vaya a tu casa y haga una paella?
10. ¿Jugamos un partido de tenis después del examen?

8 ¿Físicamente te gusta...?

Steffi Graf   **Harrison Ford**

Silvester

Woody Allen   **Stallone**

Madonna   **Felipe de Borbón**

Carolina de Mónaco

¿Explica qué es lo que te gusta?

➡ A mí me encantan los ojos y los labios de Harrison Ford.

¿Por qué no diseñas a tu hombre/mujer ideal?

➡ Los ojos de Harrison Ford, el cuerpo de...

9 ¿Qué crees que le duele a cada una de estas personas? Escríbelo junto al dibujo

¿Por qué no ofreces tu ayuda? Recuerda que tienes que utilizar **quiere/s que**...

10 ¿Qué hay que hacer...?

– para poner en marcha esta máquina
– para escribirle las instrucciones
– para apagarla

– para curar un resfriado con fiebre

– para el dolor de muelas

– para arreglar una rueda del coche

– para ir de la pizzería a la cabina de teléfonos

11 Aquí tienes instrucciones para cuidar tu corazón. Pero hay un problema: la persona que ha escrito el texto no sabe los Imperativos en español. ¿Puedes ponerlos tú? Tienes que tratar de usted al lector.

Título: «De todo corazón»

(*Moverse*) _____, su corazón lo necesita
(*Cambiar*) _____ sus costumbres:
no (*fumar*) _____, (*no comer*) grasas y
(*no consumir*) _____ alcohol.

(*Ir*) _____ en bicicleta,
(*nadar*) _____,
(*andar*) _____. Todo muy tranquilamente.
(*No tener*) _____ estrés.
(*No engordar*) _____.
(*Cuidar*) _____ su salud.

(*Entrar*) _____ en acción. (*Subir*) _____ y
(*bajar*) _____ escaleras, (*andar*) _____,
(*bailar*) _____ (*dar*) _____ paseos por su
ciudad y (*hacer*)_____ excursiones.

(*No nadar*) _____ como en una competición,
(*no correr*) _____ como en una carrera olímpica.
(*Hacer*) _____ lo todo con cuidado y moderación.
(*No estropearse*) _____, (*moverse*) _____.

Ahora, imagina que has leído este folleto y que le explicas a un/a amigo/a lo que tiene que hacer para encontrarse mejor.

12 Lee este texto y completa con
tener que/hay que/poder.
Luego, discutiréis tus soluciones.

La prevención

STOP

SIDA

La prevención es el único medio de lucha
contra la propagación del SIDA. Las
medidas de prevención _____ ser muy
bien conocidas por todo el mundo.

Papel de los padres en la información y prevención

1. Primero, _____ informarse bien.

Los padres _____
_____ intentar estar siempre informados.
Pero también _____ leer el periódico, escuchar la radio o ver la televisión.
_____ conseguir más información en las distintas
asociaciones de lucha contra el SIDA .

2. _____ hablar con los hijos.

No es fácil hablar del SIDA con los hijos, pero _____
Cada uno _____ hacerlo a su manera, pero _____ hacerlo.
superar los tabús, _____ utilizar palabras claras y, sobre todo,
Nadie _____ tener las ideas claras.
_____ prevenir el SIDA sin información. Y el SIDA
_____ prevenirlo todos los días.

1 Ya sabes que el Imperfecto sirve muchas veces para referirnos a las circunstancias que rodean un hecho. Completa estas frases con Imperfectos.

1

(*Llover*) _____ mucho.

Él (*estar*) _____ muy cansado, casi dormido.

(*Salir*) _____ de una fiesta.

(*Haber*) _____ mucho tráfico en la autopista.

El coche (*ser*) _____ muy viejo.

> • ¿Sabes? El otro día Carlos tuvo un accidente con el coche.

2

No (*llevarse*) _____ nada bien.

(*Estar*) _____ siempre discutiendo.

(*Tener*) _____ gustos e ideas muy distintos.

Los amigos de Ana no (*soportar*) _____ a Eduardo.

> • ¿Sabes? Ana y Eduardo ya no salen juntos.

3

Mi jefe (*ser*) _____ una persona muy difícil.

La empresa no (*ir*) _____ muy bien.

Yo (*querer*) _____ seguir estudiando.

La oficina (*estar*) _____ muy lejos de mi casa.

Casi no (*ver*) _____ a mi familia porque el horario (*ser*) _____

malísimo. (*Hacer*) _____ un trabajo muy poco interesante.

> • Marta, ¿le he explicado que me he cambiado de trabajo?

4

Le (*interesar*) _____ mucho la arqueología.

Aquí no (*encontrar*) _____ trabajo.

Le (*apetecer*) _____ estudiar árabe.

(*Tener*) _____ un buen amigo que (*vivir*) _____ en Alejandría.

> • ¿Mi hermano? Se ha ido a Egipto.

5

El equipo bávaro (*ser*) _____ mejor.

El Bayern (*jugar*) _____ en casa.

Los madrileños (*estar*) _____ muy mal preparados.

Zuñiga, el delantero, (*estar*) _____ enfermo.

> • Ganó el Bayern: Bayern 3, Real Madrid, 0.

2 Has perdido tu maleta en el aeropuerto y se lo estás contando a un/a amigo/a. En grupos de dos inventad una historia con preguntas y respuestas sobre lo que ha sucedido, tenéis que escoger para ello un elemento de cada caja. Luego vais a tener que representar vuestro diálogo para el resto de los compañeros.

➡️ • ¿Sabes?, ayer me pasó algo raro.
   ○ ¿Qué?
   • Perdí mi maleta cuando estaba en el aeropuerto.
   ○ ¿Qué maleta?
   • La negra.
   ○ Y ¿cómo fue?, ¿qué pasó?
   • ...

Era una maleta verde.
Era una maleta gris.
Era una maleta negra.

Yo estaba en el bar.
Yo estaba en una librería.
Yo estaba en una tienda de ropa.

Había mucha gente.
Había muy poca gente.
Había sólo dos o tres personas.

La dejé en el suelo a mi lado.
La dejé al lado de la caja.
La dejé en la entrada.

Yo estaba comprando un encendedor.
Yo estaba pagando.
Yo estaba hablando con un amigo.

Entró un señor mayor con barba.
Entró un señor mayor con bigote.
Entró un señor mayor calvo.

Cogió mi maleta y salió tranquilamente.
Cogió mi maleta y salió corriendo.
Cogió mi maleta, compró algo y salió.

La cajera lo vio pero no dijo nada.
Un amigo mío lo vio y pensó: «Mira, una maleta como la de...»
Nadie lo vio y se fue con mi maleta.

Media hora después me llamaron por los altavoces porque tenían mi maleta.
No encontré mi maleta nunca más.
Encontré mi maleta unos minutos después.
Estaba en la puerta de una tienda.

 3 Aliénez visita España y ve a algunos españoles haciendo una serie de cosas. Pero, como conoce poco nuestra cultura, no entiende qué hacen. Aquí tienes algunos fragmentos de los informes que manda a su planeta. Primero subraya todos los Imperfectos que encuentres en el texto y anótalos junto a sus infinitivos. Luego, explica a Aliénez qué era lo que vio. Tienes que usar el imperfecto para hacer referencia a lo que vio en ese preciso momento del pasado.

En el centro (un rectángulo verde con líneas blancas) había veintidós humanos, todos muy fuertes. Once llevaban ropa blanca (camiseta y pantalones cortos) y once, ropa azul. Todos corrían detrás de una bola. También había un humano vestido de negro. Alrededor estaban 50.000 humanos mirando. Al humano vestido de negro nadie le quería y los 50.000 humanos que miraban le gritaban cosas horribles. Tocaba un pequeño instrumento musical, muy mal, por cierto. Por eso, probablemente los humanos se enfadaban con él. De vez en cuando, un humano vestido de azul, metía la esfera en una puerta sin salida. Entonces, unos 20.000 humanos se ponían muy contentos. Los otros se enfadaban mucho.
Mi hipótesis era correcta: los humanos son los seres más raros de la Galaxia. Sigo observando. Stop.

Los jóvenes humanos de la tribu llamada «España» entran muchas veces, de noche especialmente, en unos lugares muy oscuros. Ayer entré yo en uno, vestido de humano: la música era muy fuerte y la mayoría de los jóvenes humanos se ponían nerviosos y movían los brazos y las piernas. Algunos también movían la cabeza. Algunos no se ponían tan nerviosos y se quedaban de pie con un vaso en la mano, al lado de una mesa muy larga y alta que ellos llaman «barra». Pero no tenían mucha sed porque bebían despacio y miraban a todas partes, especialmente a los jóvenes humanos del otro sexo. De vez en cuando, un joven intentaba hablar con otro, pero no podía porque el otro no oía nada. Yo me fui a mi nave pronto porque me dolían las antenas. Stop.

Ayer vi algo muy raro. Miles y miles de humanos estaban tumbados en un lugar cerca del mar. Era un lugar horrible, lleno de arena y en el que hacía mucho calor. Casi no había sitio. Todos llevaban muy poca ropa. Los humanos se ponían sobre el cuerpo aceite. Creo que era un medicamento porque algunos estaban muy rojos. Sin embargo, los humanos parecían contentos. De vez en cuando uno se levantaba y se tiraba al agua. Me parece que muchos de estos humanos no eran de la tribu llamada «España». Oí que los humanos de la tribu España llamaban a los otros humanos «turistas». Stop.

 • Mira, lo que viste fue un partido de fútbol. El humano que estaba vestido de negro era el portero y los veintidós humanos tan fuertes eran los jugadores de los dos equipos que se enfrentaban por ganar el partido...

 ¿Puedes imaginar que Aliénez visita algún lugar de encuentro típico en tu país? ¿Cómo sería su informe?

4 Contesta ahora, pensando en tu propia experiencia o realidad, estas preguntas. en tu libreta.

> ¿Por qué decidiste estudiar español?
> ¿Dónde y cómo conociste a tu mejor amigo?
> ¿Cuál es tu hobby preferido? ¿Cómo empezaste a practicarlo?
> ¿Qué no pudiste hacer la semana pasada? ¿Algo que tenías ganas de hacer?
> ¿Qué hiciste anoche? ¿Por qué?
> ¿Lo pasaste bien en las últimas vacaciones? ¿Por qué?
> ¿Aprendiste muchas cosas en la última clase de español? ¿Por qué?
> ¿Has comprado algo hoy? ¿Por qué?
> ¿Viste la tele anoche? ¿Por qué?
> ¿Dormiste bien anoche? ¿Por qué?

5 ¿Cómo reaccionas si alguien te dice...?

1 ¿Sabes? Esta mañana me he encontrado en un parque un billete de 10.000 pts.

2 Ayer llegó mi compañero de piso con veinte personas a cenar.

3 ¡Dios mío! Me han robado el bolso...

4 Hacía muy mal tiempo y...

5 Queríamos ir a esquiar pero mi novio se puso enfermo.

6 ¡He aprobado el examen de Química!

7 He conocido a una chica estupenda. Es... No sé... ¡Maravillosa! Creo que estoy enamorado.

8 Yo estaba muy enfadado, ella también... Casi no nos hablábamos...

9 Juan se rompió un brazo el fin de semana pasado yendo en bicicleta.

10 Se ha estropeado la nevera. ¡Y me han dicho que no se puede arreglar...!

6 Lee esta conversación y fíjate especialmente en las expresiones y los recursos que la hacen progresar, por ejemplo: **¿Sí?** Luego, trata de determinar exactamente para qué sirven, qué actitud e intención del hablante expresan.

- ¿Qué tal ayer?
- ○ ¿Ayer?
- Sí, anoche, en casa de Hans...
- ○ Bien, bien... Pero yo estaba tan cansado...
- ¿Sí?
- ○ Es que el miércoles por la noche tuvimos una avería, ¿sabes?
- No me digas.
- ○ Sí..., en Guadalajara, cuando llegábamos de Barcelona.
- ¿Y cómo fue?
- ○ Pues nada, que se rompió no sé qué del motor... Eran las dos de la madrugada. Y llovía, y no se paraba nadie...
- ¡Vaya! ¡Qué mala suerte!
- ○ Sí, fatal. Además, cuando estábamos allí parados, Rosa se cayó y se hizo daño en una pierna.
- ¡Anda! ¿Y se hizo mucho daño?
- ○ No, no mucho.
- ¿Y entonces?
- ○ Un camión se paró y nos ayudó. A mí me acompañó a un taller y llevó a Rosa al hospital.
- Pues suerte que se paró alguien...
- ○ Sí, fue una suerte. Era un hombre muy amable.
- Bueno, ¿y qué pasó al final?
- ○ Nada, que tuvimos que mandar el coche hasta Madrid en una grúa.
- ¿Y Rosa?
- ○ La fui a buscar al hospital y volvimos a Madrid en tren.
- ¡Qué viaje! ¡Qué mala suerte!
- ○ Pues sí. Y claro, llegamos muertos, a las cinco de la mañana.

Ahora discutid vuestras observaciones en la clase.

7 ¿Quieres hacer un «test» para conocerte mejor? ¿Tienes buen carácter? ¿Eres sociable?

Últimamente, ¿te has enfadado con alguien? ¿Por qué?

A Teníamos un problema y estábamos nerviosos. ☐

B Yo tenía razón. El otro era un estúpido. ☐

C Porque tenía ganas de pelearme con alguien. ☐

Esta semana, ¿te has puesto nervioso en algún momento? ¿Por qué?

A Llegaba tarde a una cita. ☐

B Mi jefe estaba de mal humor. ☐

C Siempre me pongo muy nervioso cuando algo no sale bien. ☐

La semana pasada, ¿le regalaste algo a alguien? ¿Por qué?

A Porque me apetecía. ☐

B Porque era el cumpleaños de... ☐

C Porque no tenía otra posibilidad. ☐

¿Conociste a alguien el mes pasado? ¿Cómo?

A Estábamos en el metro (o en el autobús). ☐

B Fui a una fiesta. ☐

C Me presentaron a alguien muy antipático. ☐

El fin de semana pasado, ¿dijiste alguna mentira a alguien? ¿Por qué?

A No quería poner triste a alguien. ☐

B Una mentira pero no era nada importante. ☐

C Era más práctico. ☐

¿Tuviste la semana pasada algún problema en el trabajo o en la escuela? ¿Por qué?

A Quería trabajar más y mejor, pero no pude. ☐

B Siempre hay algún problema con los compañeros. ☐

C Mis compañeros estaban insoportables. ☐

A 30 puntos
B 20 puntos
C 0 puntos

Si has sacado más de 120 puntos, eres maravilloso, tienes un carácter fantástico.
Si estás por debajo de 60, tienes que cambiar. No se puede ser tan negativo, hombre.
Entre 60 y 120, tienes una carácter normal. A veces, bueno y, a veces, malo.

8 Seguro que recuerdas algún cuento que te contaba tu familia cuando eras niño. ¿Por qué no lo escribes en español para luego contarlo a tus compañeros? En español los cuentos empiezan siempre con «Había una vez...» o «Érase una vez...»

9 ¿Recuerdas la biografía de Rigoberta Menchú? Seguro que ahora puedes explicar las circunstancias que rodearon algunos capítulos de su vida.

¿Cómo fue su infancia? ¿Por qué?
¿Por qué empezó a trabajar a los cinco años?
¿Por qué crees que se fue a la ciudad de Guatemala?
¿Por qué se crearon organizaciones populares de indios, ladinos y blancos pobres?
¿Cómo murió el padre de Rigoberta?
¿Por qué decidió exiliarse Rigoberta?
¿Por qué crees que le concedieron el Premio Nobel?

1 Señala a quién va dirigida cada una de estas cartas.

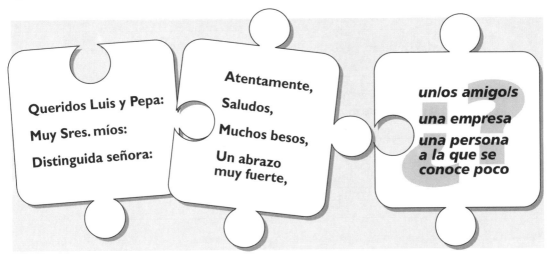

Queridos Luis y Pepa:

Muy Sres. míos:

Distinguida señora:

Atentamente,

Saludos,

Muchos besos,

Un abrazo muy fuerte,

un/os amigo/s

una empresa

una persona a la que se conoce poco

Discute, luego, tus soluciones con el resto de la clase y con tu profesor/a.

2 Imagínate que un/a amigo/a español/a o latinoamericano/a ha decidido pasar un año en tu país. Tú has decidido escribirle una pequeña carta explicándole dos o tres costumbres que pueden chocarle. Acuérdate de los recursos utilizados en el primer texto de esta unidad y de usar las expresiones siguientes.

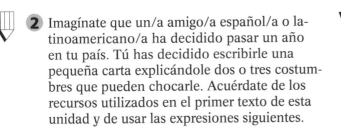

nadie
una persona
algunas personas/algunos
muchas personas/muchos
la gente
la mayoría
todo el mundo

3 ¿Cómo puedes dar estas informaciones de otra manera. Para ello tienes que hacer una serie de transformaciones y usar una de estas perífrasis: **empezar a**, **dejar de**, **volver a** o **ya no.**

1 Carlos y Diana se separaron en 1991, pero en 1992 vivían juntos otra vez.

_____

2 Hace unos años David iba mucho a la ópera, pero ahora no va nunca.

3 Ana Orgaz y José Martínez se conocieron en 1991. Se hicieron novios unos meses después, pero en 1993 tuvieron problemas y ahora viven solos.

4 Antes Margarita no tocaba el piano. Lo toca desde 1990.

5 Raúl estudió Derecho, pero desde hace dos años trabaja en un banco.

6 Joaquín Galán fumaba muchísimo. Luego estuvo unos años sin fumar y desde hace unos meses fuma otra vez.

7 Primero, fuimos una semana a un curso de cocina. Luego, la semana siguiente, fuimos a uno de yoga, quince días después nos matriculamos en uno de fotografía. Total, que ahora no hacemos nada.

 4 Aquí tienes los resultados de una encuesta sobre los jóvenes españoles.

○ El trabajo de la casa siguen haciéndolo exclusivamente las madres en un 64% de los casos. Sólo en el 19% de las familias se reparten entre todos las tareas de la casa. Los jóvenes colaboran poco. Suelen hacerse la cama y ordenan un poco su habitación. El resto de las tareas (el cuidado de los niños pequeños, la ropa, planchar, la limpieza, lavar platos o la compra) sólo las realizan los adultos. Y todo ello a pesar de que los jóvenes pasan la mayor parte del tiempo libre en casa.

En sus ratos libres, los jóvenes se dedican a ver la televisión y a escuchar música, a la lectura de libros y de cómics, a salir con los amigos y a hacer deporte. Los jóvenes salen más de casa los fines de semana. La actividad preferida es salir con los amigos, ir de copas, ir a la discoteca, al cine y, un porcentaje más pequeño, ir de excursión o a pasear.

○ En cuanto a drogas: el 47% fuma, el 85% no bebe alcohol durante la semana, pero sólo un 33% no bebe alcohol nunca y una tercera parte de los entrevistados han probado alguna vez porros, marihuana o hachís, un 9% ha probado alguna vez la cocaína y menos de un 1% ha consumido heroína.

Vamos a comparar esos resultados contigo... Para ello, escribe junto a la actividad, con qué frecuencia realizas tú las siguientes actividades.

	siempre	todos los días/meses/años	los lunes/martes/miércoles...	normalmente/generalmente	muchas veces	a menudo	de vez en cuando	x veces al año/mes/ a la semana	a veces	alguna vez	algún día/alguna tarde	muy pocas veces	casi nunca	nunca
hacer la cama														
ordenar tu habitación														
poner la lavadora														
planchar la ropa														
hacer la compra														
cuidar a niños pequeños														
ver la televisión en los ratos libres														
escuchar música														
leer libros														
leer cómics														
leer periódicos														
salir con los amigos														
ir de copas														
ir a la discoteca														
ir al cine														
ir de excursión														
pasear														
fumar														
beber alcohol														
otros														

¿Se parecen tus hábitos a los de los jóvenes de la encuesta? Explica en qué actividades coinciden y en cuáles no.

⇨ Yo también hago la cama todos los días y tampoco lavo nunca la ropa.

5 Leyendo este artículo podrás deducir muchas cosas que pasaban antes. ¿Por qué no escribes tus deducciones en tu libreta?

> Los jóvenes tienen el mayor nivel educativo de la historia. Tienen, también, un mayor nivel de información tanto política, como social y cultural. Son cada vez más tolerantes, más amantes de la vida privada y son muy pragmáticos. Ya no quieren cambiar el mundo.
> No obstante, los mayores cambios se han producido en las mujeres. Los adultos dicen que los jóvenes son más perezosos, más consumistas, más conservadores tanto en las opiniones políticas como en los hábitos sexuales, menos responsables.

⇨ Antes los jóvenes tenían menos estudios y estaban menos...

6 Completa estos diálogos usando el Imperfecto.

1. • Cuando (*estar, nosotros*) _____ de vacaciones, Felipe (*levantarse*)

   _____ todos los días a las doce del mediodía.

   ○ ¡Qué suerte! Yo (*levantarse*) _____ mucho más pronto. Con la luz, el

   ruido y todo eso no (*poder*) _____ dormir.

2. • ¿Y en 1992 dónde (*vivir*) _____ vosotros?

   ○ En Caracas.

3. • ¿Te acuerdas cuando (*ir, nosotros*) _____ de viaje en auto-stop y

   (*tener*) _____´_____ poquísimo dinero?

   ○ Sí, (*ser*) _____ fantástico. Yo (*divertirse*) _____ más que ahora.

4. • ¿Ya no fumas?

   ○ No, ya no. Lo he dejado. Es que (*fumar*) _____ mucho.

5. • ¿Y siempre has trabajado tanto como ahora?

   ○ Sí, pero lo que pasa es que antes (*trabajar*) _____ por la mañana

   y por la tarde, y, como la oficina (*estar*) _____ muy lejos de casa,

   (*quedarse*) _____ a comer en el trabajo.

6. • Mis padres, hace unos años, (*ver*) _____ mucho a sus amigos,

   (*ir*) _____ mucho al cine, (*salir*) _____ mucho de noche.

   (*Ser*) _____ muy activos. Pero, últimamente se quedan siempre en casa.

7 Contesta a estas preguntas.

1. ¿Cómo ibas vestido/a hace unos años?
2. ¿Con quién salías cuando tenías quince años?
3. ¿De qué hablabas con tu primer/a novio/a?
4. ¿A qué jugabas cuando eras pequeño/a?
5. ¿Qué profesor/a te gustaba más cuando ibas al colegio?
6. ¿Qué asignatura no te gustaba nada en el colegio?
7. ¿Dónde pasabas las vacaciones cuando eras pequeño/a?
8. Cuando tenías doce años, ¿ibas solo/a en avión?

8 El tiempo ha producido muchos cambios. Explícalos comparando lo de antes con lo de ahora.

⇨ Antes era muy desordenado: dejaba la ropa encima de la cama o por el suelo. Era un desastre. En cambio ahora...

9 Imagínate que tenías un/a novio/a, pero que hace unos días habéis roto. Escríbele una carta a un/a amigo/a español/a para explicarle todo lo que ha pasado. Aquí tienes algunas ideas que puedes usar.
Ordena bien tus argumentos y ten cuidado con los tiempos verbales.

Antes:
ser delgado/a
ser alegre
ser activo/a
tener buen humor
estar interesado en muchas cosas
leer mucho
ir mucho al cine

Últimamente
engordar
estar de mal humor
quedarse en casa
no ver a los amigos
no hablar

Antes:
ser muy responsable
ser muy romántico/a
tener ideas muy progresistas
estar muy preocupado por el Tercer Mundo

Últimamente
pasarse el día tomando cervezas
tener opiniones conservadoras
solo preocuparse por el dinero
hablar todo el día de su trabajo en el banco

Antes:
ir muy bien vestido/a
vivir en la ciudad
tener un coche muy grande
viajar siempre en avión
odiar las plantas
comer mucha carne y mucho marisco
tomar buenos vinos y cavas

Últimamente
vivir en el campo
ir siempre con vaqueros
ir en bicicleta
estudiar jardinería
ser vegetariano/a
no (beber alcohol)

1 Un concurso de tiempos verbales: ¿cuánto tiempo tardas en poner la 3ª persona plural de Indefinido y, luego, el Imperfecto de Subjuntivo que se te pide en cada caso?

Indefinido 3ª Persona Plural		Imperfecto de Subjuntivo	
1. ser	_____	él	_____
2. estar	_____	nosotros	_____
3. ir	_____	ella	_____
4. tener	_____	usted	_____
5. venir	_____	tú	_____
6. traer	_____	vosotros	_____
7. conducir	_____	ellos	_____
8. pedir	_____	ellas	_____
9. hacer	_____	él	_____
10. saber	_____	yo	_____
11. poner	_____	nosotros	_____
12. vivir	_____	vosotros	_____
13. poder	_____	usted	_____
14. leer	_____	ella	_____
15. salir	_____	tú	_____
16. estudiar	_____	yo	_____
17. comer	_____	él	_____
18. haber	_____	ustedes	_____
19. terminar	_____	tú	_____
20. hablar	_____	ellos	_____
21. seguir	_____	usted	_____
22. escuchar	_____	vosotros	_____
23. entender	_____	yo	_____

2 Todavía no sabemos qué pasa aquí. Reacciona frente a las siguientes hipótesis.

1. Seguro que hay alguien famoso. Quizá un cantante o una actriz...
2. No pasa nada. Seguro que son un grupo de amigos que están haciendo algo.
3. A lo mejor están haciendo una encuesta...
4. ¿Será un accidente de tráfico?
5. ¿Y si están regalando algo?
6. Mira, hay flores por el suelo. Quizás es una boda.
7. ¿Qué es eso que está en medio de la calle?
8. Seguramente podré hacer una buena foto. Voy a ver...
9. ¿Qué habrá pasado?
10. ¿Qué pasará ahí?

3 Si te encuentras en estas circunstancias, ¿qué tipo de preguntas harías? Para ello deberás usar el Futuro o el Futuro Perfecto.

1 Un amigo tuyo siempre está en su casa después de comer, pero hoy no está.

_____

2 Has quedado con una amiga en una esquina. Hace más de media hora que estás esperándola, pero no llega.

_____

Quieres entrar en tu casa, pero no encuentras las llaves ni en los bolsillos de los pantalones ni en los del abrigo ni en el bolso.

3

_____

Dos amigos tuyos que llevaban mucho tiempo viviendo juntos se han separado y tú no sabes por qué.

4

_____

Estás escribiendo en el ordenador, aprietas un botón y, de repente, desaparece el texto y no te explicas por qué.

5

_____

Acabas de conocer a un peruano que habla perfectamente alemán, sin ningún acento.

6

_____

Hace más de tres horas que intentas hablar con la empresa Lacaguem, S.A. por teléfono, pero siempre está comunicando.

7

_____

Te has comprado unos pantalones y un jersey muy bonitos. Cuando llegas a casa, no los tienes.

8

_____

 4 ¿Qué te pasa …?

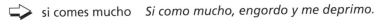 si comes mucho   *Si como mucho, engordo y me deprimo.*

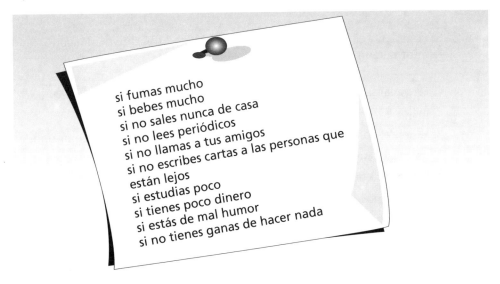

si fumas mucho
si bebes mucho
si no sales nunca de casa
si no lees periódicos
si no llamas a tus amigos
si no escribes cartas a las personas que
están lejos
si estudias poco
si tienes poco dinero
si estás de mal humor
si no tienes ganas de hacer nada

5 ¿Cuáles son tus hipótesis en relación con estos temas?

⇨ **El racismo**

Seguramente siempre habrá gente racista pero, como todo el mundo viaja mucho, quizá la gente se habrá acostumbrado a hablar con muchas personas de otras culturas.

1 Las diferencias entre el Norte y el Sur en el futuro.

_____

2 La vida en otros planetas.

_____

3 El futuro de la capa de ozono.

_____

4 Tu futuro profesional.

_____

5 El SIDA.

_____

6 La influencia de Estados Unidos en el mundo.

_____

6 Si completas estas frases con el Imperfecto de Subjuntivo adecuado, tendrás toda la información.

1. Estoy cansadísimo. Si (*dormir, yo*) _____ un poco más, me encontraría mucho mejor.

2. Hombre, yo, si (*ir, nosotros*) _____ a México, podría conseguir unos días más de vacaciones, pero si nos quedamos aquí, no.

3. Si Federico (*leer*) _____ más, sería un hombre mucho más interesante.

4. ¿Pasaríamos mucho frío si nos (*bañar, nosotros*) _____ en el mar en esta época?

5. Si Madrid (*estar*) _____ un poco más cerca, podríamos ir de vez en cuando a pasar un fin de semana.

6. Si mis hijos no (*tener*) _____ que estudiar, serían absolutamente felices.

7 Termina estas frases ...

1. Yo, si hablara español desde pequeño/a, _____

2. Yo, si pudiera vivir sin trabajar, _____

3. Yo, si tuviera una enfermedad grave, _____

4. Si ahora mismo sonara el teléfono y fuera _____

5. Si yo pudiera elegir un lugar para vivir, _____

6. Yo, si pudiera cambiar de sexo, _____

7. Si volviera a vivir, _____

8. Si yo fuera español/a, _____

8 Convierte estas afirmaciones en deseos.

⇨ Habrá paz en el mundo.
   Me encantaría que hubiera paz en el mundo

Algún día las mujeres tendrán, en todo el mundo, los mismos derechos que los hombres.

1 _____

Se distribuirá mejor la riqueza y se terminará el hambre en el mundo.

2 _____

No habrá actitudes racistas en el futuro.

3 _____

Se descubrirá el origen del mundo.

4 _____

La humanidad trabajará menos y disfrutará más.

5 _____

La ciencia sabrá cómo terminar con el SIDA y el cáncer.

6 _____

Los periódicos dirán siempre la verdad.

7 _____

9 Cuando piensas en tus deseos o en tus aspiraciones seguro que sabes perfectamente lo que quieres... A ver, explícalo en relación con estos temas.

➡️ Un/a amigo/a: Necesito encontrar un amigo que sepa escuchar, que me comprenda, que sea simpático y tenga sentido del humor...

Un/a amigo/a:
_____

Un trabajo:
_____

Una mujer/un hombre:
_____

Un tipo de vida:
_____

Una escuela para estudiar español:
_____

10 Contesta a estas preguntas usando **cuando** + Subjuntivo.

1 ¿Cuándo crees que terminará este curso?
_____

2 ¿Cuándo piensas pasar unos días en España o en algún país latinoamericano?
_____

3 ¿Cuándo crees que la gente podrá ir a pasar las vacaciones a la luna?
_____

4 Si no estás casado/a, ¿cuándo crees que te casarás?
_____

5 ¿Cuándo crees que tendrás un/otro hijo?
_____

6 ¿Cuándo podrás dejar de trabajar y dedicarte a las cosas que realmente te gustan?
_____

7 ¿Cuándo tendrás mucho éxito con los hombres/las mujeres?
_____

8 ¿Cuándo desaparecerán las centrales sindicales?

_____

9 ¿Cuándo estudiarás otro idioma?

_____

 11 Explica por escrito.

Tres cosas que te gustaría hacer: _____

_____

Tres cosas que te gustaría que pasaran en el mundo: _____

_____

Tres cosas que nunca te gustaría hacer: _____

_____

 12 Lee este texto. Si quieres puedes traducirlo a tu lengua.

2020, Odisea en el planeta Tierra

Nos hacemos una serie de preguntas sobre el futuro: ¿qué pasará con las centrales nucleares?, ¿habrá crecido el agujero en la capa de ozono?, ¿quién gobernará en Japón o Estados Unidos?, ¿cómo trabajará la gente?, ¿dónde estaremos nosotros entonces?

Probablemente, en el 2020, la Tierra habrá cambiado mucho. Seguramente los Estados Unidos serán mucho más grandes. A lo mejor México y Venezuela ya no serán países independientes sino estados americanos. Pero seguro que los países africanos seguirán siendo pobres. A lo mejor las costumbres de los seres humanos también serán muy diferentes. La alimentación será, quizá, a base de pastillas de hamburguesa y de pastillas ricas en colesterol. O igual, no. Igual seguimos comiendo como ahora. Tal vez los ricos – burguesía y clase media – tengan un robot idéntico a ellos para que, cuando vayan a trabajar o a estudiar, puedan mandar al robot en su lugar.

Seguramente los colegios, las fábricas, las empresas y los despachos estarán llenos de robots. Las personas se quedarán en sus casas y se dedicarán a leer, a escuchar música, a cuidar las plantas... o, tal vez, se dedicarán a viajar por el espacio.

Seguramente las ciudades tendrán las calles vacías porque no habrá coches ni motos ni autobuses. Sin embargo, en el espacio, quizá haya grandes problemas de tráfico, sobre todo a la hora de entrar y salir del trabajo.

Quizá, así, la gente tenga más tiempo libre. Quizá viva mejor. Quizá, incluso, sea feliz.

1 Imagina que estás en casa de un/a amigo/a. Ha salido un momento y ha empezado a llamar gente por teléfono. Esto es lo que te ha dicho cada persona. ¿Cómo se lo cuentas a tu amigo/a cuando llega?

Mercedes:
Mañana por la tarde tenemos que ir a comprar el regalo de Teresa Allende.

Ruth:
Quiero que me ayude a hacer una traducción de español. Si puedo, volveré a llamar esta noche.

Su madre:
Tengo que ir a casa de mi hermana y necesito que me acompañe en coche.

Santiago:
El domingo voy a la piscina y tal vez quiere venir conmigo. Si quiere venir, puede llamarme mañana por la noche o pasado mañana por la noche.

Roberto de Sastre:
Puede pasar a recoger los pantalones cuando quiera. Los sábados por la tarde cerramos.

2 ¿Cómo explicas lo que te ha dicho tu jefe/a señalando que son palabras suyas?

⇨ Déle esto a Fernández para que ponga un sello y lo lleve a Correos.
Fernández, la jefa me dijo que pusiera un sello en esto y lo llevara a Correos.

Abra estas cartas y dígame qué ponen.

1 _____

Vuelva a escribir esto.

2 _____

Vaya inmediatamente al Departamento de Compras a llevar esto.

3 _____

No deje el ordenador encendido cuando sale del despacho.

4 _____

Llame al señor de la Cueva y dígale que haga su maleta porque tenemos que ir a Bogotá esta misma tarde.

5 _____

3 ¿Cómo explicas lo que te ha dicho la segunda persona que habla en cada diálogo en cada una de las circunstancias que se señalan?

1
• ¿Te ha gustado este restaurante?
○ Muchísimo.

un rato después sin marcar que son palabras de otro
un rato después marcando que son palabras de otro
unos días más tarde

2
un rato después sin marcar que son palabras de otro
un rato después marcando que son palabras de otro
unos días más tarde

• ¿Qué le has comprado a Gloria?
○ Nada especial, un perfume y una novela muy buena.

3
• ¿Qué te pasa?
○ Me duelen muchísimo las muelas.

un rato después sin marcar que son palabras de otro
un rato después marcando que son palabras de otro
unos días más tarde

4
por la noche sin marcar que son palabras de otro
por la noche marcando que son palabras de otro
dos días después

• ¿Qué vas a hacer esta tarde?
○ Pienso ir al cine con unos compañeros de clase.

5
• ¿Y cuándo vendrás a cenar a casa?
○ El domingo, si te va bien.

antes del domingo sin marcar que son palabras de otro
antes del domingo marcando que son palabras de otro
el lunes siguiente

6
un rato después sin marcar que son palabras de otro
un rato después marcando que son palabras de otro
unos días más tarde

• ¿Y qué hacías en aquella época?
○ Estudiaba en la universidad.

 4 ¿Cómo explicas lo que te han dicho estas personas en cada una de las circunstancias que se señalan?

1. Tu jefa:

Lo explicas unos minutos después con el sobre en la mano.
Lo explicas unos minutos después sin el sobre en la mano.

• Dele esto a Fernández para que ponga un sello y lo lleve a Correos.

2. Un/a amigo/a al que has invitado a comer:

Lo explicas otro día comiendo con otra persona en el mismo restaurante.
Lo explicas otro día en tu casa.

• Me ha encantado este restaurante.

115

3. Un/a buen amigo/a al despedirse de ti en tu casa :

> Lo explicas al día siguiente en tu casa.
> Lo explicas al día siguiente en casa de otro amigo.

> • Vendré a verte un día de la próxima semana, ¿vale?

4. Un/a compañero/a de clase al terminar la clase de español:

> Lo explicas un rato después en la clase.
> Lo explicas un rato después en tu casa.

> • Mañana te traeré el diccionario. Es que hoy lo he olvidado.

5. Un/a amigo/a que te encuentra por la calle:

> Lo explicas un rato después en tu casa.
> Lo explicas un rato después en casa de Susana.

> • Esta noche iré a casa de Susana.

5 Imagínate que has recibido estas postales. Explica a tus compañeros sus contenidos.

> Ya hemos llegado a San Sebastián. Es una ciudad preciosa. Ayer dimos un paseo junto al mar y cenamos marisco en un restaurante muy bueno. Hoy está lloviendo muchísimo y, por eso, estamos escribiendo esta postal desde un café. Todo está carísimo. Ya te contaremos. Besos.
>
> *Raquel y Carlos*

> Estoy en Sevilla. ¡¡¡Esto es fantástico!!! Me acuesto tardísimo, me levanto tardísimo también, claro, como mucho y bebo mucho vino y, además, bailo sevillanas todas las noches. No quiero volver a casa. No quiero.
> Un besito.
> *Begoña*

> Hoy hace tres semanas que llegué a México. Una semana más y se terminan las vacaciones. ¡Qué horror! He tenido un viaje muy tranquilo y descansado: he visto pirámides, he ido a museos, he ido a playas estupendas, etc. Aquí en Distrito Federal todo es más complicado: hay muchísima gente, muchísimo tráfico y muchísimo ruido. ¿Sobreviviré?
> Abrazos,
> *Fernando*
> Ah, el tequila es mejor que la cerveza....

6 ¿Cuáles crees que son las palabras exactas que ha dicho cada una de estas personas? Discútelo luego con tus compañeros y tu profesor/a.

1. • Carlos me ha preguntado si me encontraba mal.
   Carlos: _____

2. • María me ha explicado que tenía un dolor de muelas horrible.
   María: _____

3. • Raúl me ha preguntado si aún le daba clases de español a Elisabeth.
   Raúl: _____

4. • Eva me ha dicho que trabaja en una escuela.
   Eva: _____

5. • Laura me dijo ayer que vendría a las nueve.
   Laura: _____

6. • Me he encontrado a Juan Carlos y le he preguntado cómo estaba Beatriz.
   Yo: _____

7. • Enrique nos ha dicho que el otro día nos había llamado para invitarnos a su fiesta de cumpleaños, pero que no estábamos.
   Enrique: _____

8. • Pepa me comentó que había intentado cambiar de trabajo, pero que no había encontrado nada interesante.
   Pepa: _____

9. • La señora Santos me pidió que, cuando te viera, te dijera que fueras a su despacho.
   La señora Santos: _____

 7 ¿Sabes pronunciar estos dos trabalenguas?

Me han dicho un dicho
que han dicho que he dicho yo.
Ese dicho está mal dicho,
pues si lo hubiera dicho yo,
estaría mejor dicho
que el dicho que han dicho
que he dicho yo.

Donde dije digo
digo Diego.

8 ¿Qué verbos elegirías para transmitir cada uno de estos enunciados?

proponer	contar
explicar	pedir
comentar	aconsejar

1 Este ordenador no es muy bueno porque ya es un poco antiguo.

2 ¿Me prestas diez marcos, por favor?

3 Compre este vino, que es muchísimo mejor y más barato.

4 Carmela, la hermana de Manuel, se ha casado con el hermano de su cuñada.

5 ¿Puedes acompañarme al dentista mañana por la tarde?

6 Necesito que me hagas un favor.

7 ¿Por qué no venís a casa y nos tomamos una copa?

8 El señor Rupérez ha salido del hospital, la operación ha ido muy bien y está muy animado.

9 En Madrid el clima es continental, en cambio, en Barcelona es mediterráneo.

10 Juan es un hombre estupendo: trabajador, serio, responsable, simpático y, además, guapo. Soy muy feliz.

11 No te pongas esos pantalones porque están muy viejos.

12 Necesito que me hagas un favor.

9 Completa estos diálogos utilizando el Pretérito Pluscuamperfecto.

1. Por suerte, cuando empezó a llover, yo ya (*llegar*) _____ a casa.
2. Se acostó enseguida porque (*dormir*) _____ poquísimo la noche anterior.
3. Cuando llegó a Alemania, nos llamó para decirnos que (*divertirse*) _____ _____ mucho en España.
4. Ah, no sabía que, antes de vivir aquí, (*vivir, tú*) _____ en Lima.
5. • ¿Consiguió usted la beca?
   ○ No. Cuando presenté los papeles, el plazo ya (*terminar*) _____.
6. • ¿Y antes (*estar, ustedes*) _____ alguna vez aquí?
   ○ No, no (*venir, nosotros*) _____ nunca.
7. Ayer me dijo que anteayer (*salir, él*) _____ con unos amigos mexicanos. ¿Sabes quiénes son?
8. El médico me preguntó qué (*comer, yo*) _____ y si (*beber*) _____ vino o alcohol.
9. Graciela me comentó que, unos meses antes, (*tener, ella*) _____ problemas con el propietario de su piso.

10 Reacciona frente a estas informaciones. Y ten cuidado porque algunas pueden ser incorrectas.

1 ¿Sabías que ésta es la penúltima unidad de este libro?
_____

2 En España hay cuatro lenguas oficiales.
_____

3 Perú está al norte de México.
_____

4 Jorge Luis Borges fue Premio Nobel de Literatura.
_____

5 La isla de Taquile está en los Andes.
_____

6 El Amazonas nace en la ciudad de Iquitos, en Perú.
_____

7 En 1977 se celebraron en España las primeras elecciones democráticas después de la Guerra Civil.
_____

1 Aquí tienes los «eslóganes» que se han utilizado en una serie de manifestaciones. Primero, trata de entender cuál es el conflicto. ¿Qué crees que quiere cada grupo de manifestantes? Luego, termina las frases. Recuerda que las estructuras que aquí aparecen exigen Subjuntivo.

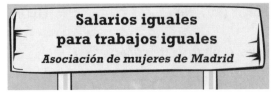

Salarios iguales para trabajos iguales
Asociación de mujeres de Madrid

Piden que...

¡ALCALDE DIMISIÓN, ERES UN LADRÓN !

Luchan para que...

NO A LA MILI OBLIGATORIA

Quieren que...

DESPIDOS NO, DISMINUCIÓN DE JORNADA SÍ

Piden que...

NUCLEARES NO, GRACIAS

No quieren que...

Basta de barreras y escaleras
La calle también es nuestra Asociación de Minusválidos de Valencia

Exigen que...

AUTOPISTA NO PARQUE NATURAL SÍ
Asociación para la Defensa del Monte del Pardo

No quieren que...

¡NO MÁS EDIFICIOS, MÁS JARDINES!

No quieren que...

NO A LAS SUBIDAS DE PRECIOS DE LAS MATRÍCULAS UNIVERSIDAD PARA TODOS

No aceptan que...

NI CAMELLOS, NI TRAFICANTES CENTROS DE REHABILITACIÓN
Madres en contra de la droga

Exigen que...

AMAZONIA, ANTÁRTIDA, todos os necesitamos

Protestan para que...

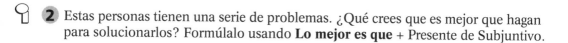
2 Estas personas tienen una serie de problemas. ¿Qué crees que es mejor que hagan para solucionarlos? Formúlalo usando **Lo mejor es que** + Presente de Subjuntivo.

- hacer mucho deporte y comer mucha fruta.
- ir a un psicólogo
- fumar en pipa
- ir al acupunturista

EDUARDO:
fuma mucho y tiene mucha tos.

⇨ Lo mejor es que haga mucho deporte...

MAGDA:
está muy gorda pero no puede dejar de comer.

- no darle importancia al peso
- comprarse mucha ropa negra
- dejar de comer durante cuatro días
- comer igual y correr 10 kilómetros al día

ISABEL:
piensa que su novio está enamorado de otra chica, él dice que no.

- contratar a un detective
- volver a hablar con él
- seguirle
- pedir ayuda a otra persona, a un amigo común

- hablar con Aliénez y pedirle que se presente cuando estén sus amigos
- hacerle fotos
- olvidar el tema
- visitar al psiquiatra

PERICO:
ha visto el OVNI de Aliénez pero nadie le cree y todo el mundo piensa que está loco.

Reúnete ahora con dos compañeros y explícales tus opiniones usando **Lo de** + Infinitivo + **me parece bien/una buena idea/muy mal/una tontería...**

⇨ • Lo de ir a un psicólogo me parece una tontería. No creo que le ayude.

Intentad llegar a un acuerdo sobre el consejo que le daríais a cada uno. Luego, explicadlo al resto de la clase.

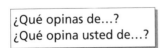 **3** Quieres contradecir en parte a estas personas o resaltar un aspecto de lo que han dicho. ¿Cómo lo haces? Recuerda la estructura **Lo** + adjetivo + **es que...**

• ¡Qué bueno es el chocolate!

(malo-engorda)

➡ ○ *Lo malo es que engorda.*
_____

• ¡Es tardísimo y no han llegado!

(raro-no han avisado)

○ _____

• Lleva ya mucho tiempo en España.

(curioso-habla muy mal español)

○ _____

• Mi hijo no encuentra trabajo.

(bueno-puede seguir estudiando)

○ _____

• ¡Cuánta publicidad! ¡Qué horror!

(absurdo-todos hacemos caso de la publicidad)

○ _____

• Actualmente se plantan muchos árboles.

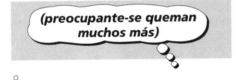
(preocupante-se queman muchos más)

○ _____

• ¡Qué ricos son los huevos! ¿No?

(peligroso-producen mucho colesterol)

○ _____

4 Imagina que tienes que preguntarles a algunas personas su opinión sobre estos temas. Deberás elegir entre...

¿Qué opinas de...?
¿Qué opina usted de...?

¿Crees que...?
¿Cree usted que...?

– los resultados de las elecciones
– ¿hay vida en otros planetas?
– ¿hay que legalizar las drogas?
– ¿los jóvenes de ahora son más felices que los de antes?
– lo que ha dicho el Presidente
– ¿el SIDA está cambiando la conducta de la gente?
– el carácter español
– lo que ha dicho el/la profesor/a de español

5 Algunas de estas afirmaciones no son ciertas. Corrígelas usando **no...sino**.

Los video-cassettes están en la estantería.
No, no están en la estantería sino en un cajón.

> La guitarra está encima de la cama.
> La bota negra está en un cajón.
> El diccionario está en el suelo, al lado de la estantería.
> Hay una silla.
> El reloj está en el suelo.
> La lámpara está al lado de la cama.
> La lata de cola está en la mesilla.
> En el suelo hay una camiseta.

6 Una empresa de publicidad ha realizado una gran encuesta para saber cómo se ven los productos españoles en el extranjero para promocionarlos mejor. Éstas son algunas de las cosas que han dicho algunos entrevistados. ¿Estás de acuerdo con ellos?

FRANCO MASSINA (Italia)
Los productos españoles no son muy buenos. Los italianos están mucho mejor diseñados y producidos."

ANGELA ROSSI (Italia)
España va a ser pronto un competidor importante para los productos italianos"

THOMAS SCHNEIDER (R.F.A.)
En Alemania los productos españoles son muy poco conocidos todavía. Es una pena."

AGNES SCHUMACHER (R.F.A.)
Creo que en España sólo hay buenos productos de alimentación."

> **99 MICHAEL CARTER**
> (Reino Unido)
>
> Las cosas empiezan a funcionar
> en España."

> **99 MARTA PÉREZ RUÍZ**
> (España)
>
> Nuestros productos tienen que mejorar
> mucho todavía para entrar
> en Europa y ser competitivos."

> **99 FRANÇOIS DUBOIS**
> (Francia)
>
> El arte y cultura española son
> cada vez más interesantes."

> **99 ERNESTO PALACIOS GARCÍA**
> (España)
>
> La moda y el diseño español están al
> mismo nivel que Italia pero no sabemos
> vender."

> **99 MARIE LOUISE**
> **FIGNON** (Francia)
>
> Los productos
> españoles
> son de-
> masiado
> caros."

> **99 MARGARITA YUSTE**
> (España)
>
> De España sólo se conocen en el
> extranjero las playas, los toros y el
> flamenco"

 7 Lee esta noticia. Es muy parecida a algunas noticias que se leen de vez en cuando en la prensa española. Santiamanca es una imaginaria ciudad universitaria.

PROTESTAS DE LOS ESTUDIANTES Y CHOQUES ENTRE POLICÍAS Y JÓVENES EN EL CENTRO DE SANTIAMANCA POR EL HORARIO DE CIERRE DE LOS BARES.

Varios miles de jóvenes (2.000 según el Ayuntamiento y unos 3.000 según el Gobierno Civil) se enfrentaron anoche, en el centro de la ciudad, de forma muy violenta, con la Policía Nacional. Las noches de los jueves los bares nocturnos de la ciudad están llenos porque la mayoría de los estudiantes universitarios salen a tomar copas. Agentes de la policía visitaron los bares del centro y recordaron a los propietarios el horario oficial de cierre durante la semana: las 2h30. Desde hace años, esta norma no se cumple y bares y discotecas no cierran hasta las cinco.

La noche pasada, cuando los locales empezaron a cerrar, grupos de jóvenes se enfrentaron a la policía con botellas y piedras, insultaron a los agentes y destruyeron bancos, cabinas telefónicas y árboles. La policía cargó brutalmente contra los estudiantes.

Las autoridades aseguran que han recibido muchas protestas de los vecinos del centro porque no pueden dormir. Por otra parte, el Alcalde ha comentado a nuestro corresponsal: «los horarios oficiales deben respetarse». Un representante de la asociación de vecinos ha declarado: «El Ayuntamiento tiene que hacer algo. Si no, nosotros mismos, vamos a organizarnos».

Representantes de los estudiantes aseguran que los agentes de policía les provocaron y han declarado que la mayoría de universitarios opina que las 2h30 es demasiado pronto para acostarse.

♀ ¿Puedes terminar estas frases que expresan parte de lo dicho en el texto?

Aunque el horario oficial de cierre es a las 2h30, _____

Los vecinos piden al Ayuntamiento que _____

El Ayuntamiento va a exigir que _____

Los estudiantes quieren que _____

Los representantes de los estudiantes han declarado que ellos no empezaron sino

que _____

♀ Ahora imagina qué dicen a los medios de comunicación estos personajes valorando lo que ha sucedido.

⇨ el propietario de una discoteca: «Yo pienso que los estudiantes tienen razón. Son jóvenes y quieren divertirse».

– un viejo profesor de la Universidad
– un agente de policía que estaba allí
– un estudiante que sale todos los jueves
– un vecino del centro
– el padre de un estudiante que llega a casa siempre a las cinco

♀♀♀ ¿Y a ti?¿Quién te parece que tiene razón?

♀ **8** En estas frases aparecen una serie de usos del Subjuntivo, que hemos ido estudiando a lo largo de las últimas unidades. Subraya las formas verbales que están en Subjuntivo y las partículas o estructuras que generan su aparición.

⇨ Mira, aunque estés enfadada con él, tienes que ir a verle.

1. Exigimos que el representante de la empresa hable con los trabajadores.
2. Es una pena que no podáis venir el domingo. Lo pasaríamos muy bien.
3. He llamado por teléfono a mis padres para que no se preocupen.
4. Le he pedido a Enrique que nos venga a buscar a las diez, ¿te parece bien?
5. ¿Y si hiciera mal tiempo? ¿Qué haríamos?
6. No sé que le pasa a Julián. Quizá tenga algún problema.
7. Es estupendo que Ricardo haya encontrado trabajo para el verano, ¿verdad?
8. No es cierto que los jóvenes no quieran trabajar. Lo que pasa es que la mayoría no encuentra trabajo.
9. Como ya son las siete, aunque no haya llegado todo el mundo, tenemos que empezar la reunión. Como ya son las siete...
10. «Muchos españoles quieren que se haga una política nueva de medio ambiente», ha declarado el Ministro de Sanidad y Consumo.

9 Tomás no estaba satisfecho con su vida y ha tomado una serie de decisiones para cambiar radicalmente. Relaciona lo que va a hacer con sus objetivos usando **para** y **para que** y haciendo las transformaciones necesarias.

Ha dejado su trabajo en el banco. Quiere cambiar de vida.	Ha empezado a estudiar español. Quiere ir primero a España, a las Islas Baleares.
Ha vendido su piso. Así tiene dinero.	Ha contratado a un chico colombiano. Le dará clases de español unos días.
Se ha comprado un barco de vela. Quiere dar la vuelta al mundo.	Ha escrito a unos amigos de Mallorca. Ellos le aconsejarán en qué puerto dejar el barco.
Se ha dejado la barba. Así no tiene que afeitarse y parece un verdadero capitán.	Ha llevado sus muebles, sus libros y sus discos a Susana, su ex-novia. Ella se los guardará.
Se ha comprado un perro. El perro viajará con él.	Ha avisado a sus mejores amigos y a sus familiares. Así no se preocuparán.

10 Ésta es la familia Ibáñez: los padres y los dos hijos. Como verás tienen opiniones muy distintas sobre todos los temas. ¿Con quién estás de acuerdo sobre cada uno? Si no estás de acuerdo con ninguno, formula tu propia opinión.

- la guerra
- el trabajo
- lo más importante en la vida
- padres e hijos
- la política

Sr. Luis Ibáñez
- Es inevitable, siempre ha habido guerras.
- El trabajo es lo más importante en la vida.
- Lo más importante en la vida es ser un buen trabajador.
- Antes los hijos respetaban más a sus padres. Lo importante es el respeto.
- Los políticos nos engañan. Todos son iguales.

Sra. Concha Ruiz de Ibáñez
- La guerra es horrible. Hay guerras porque en el mundo mandan los hombres y no las mujeres.
- El trabajo es cosa de hombres.
- Lo más importante en la vida es ser una buena madre.
- Lo importante entre padres e hijos es el amor.
- La política es muy complicada. No es para los ciudadanos normales.

Silvia Ibáñez

- Todas las guerras son malas. Hay que luchar por la paz.
- Si se puede vivir sin trabajar, mejor.
- Lo más importante es ser un buen ciudadano.
- Entre padres e hijos siempre tiene que haber conflictos. Es natural.
- No todos los políticos son iguales. Tenemos que preocuparnos por la política: estar informados, votar, luchar…

Rodrigo Ibáñez

- A veces hay que utilizar las armas para defender la paz.
- Para ganar dinero hay que trabajar y ganar dinero es importante.
- Lo más importante es ser importante.
- Lo importante entre padres e hijos es el diálogo.
- La política no es importante. Lo que importa es la economía.

 11 Lee este texto.

La vida no es sólo estarse poniendo vestidos bonitos. Hay cosas más importantes…
–Cuando uno tiene vestidos bonitos…– dijo Lucrecia–pero uno no debe sentir envidia, ni desear lo que no tiene– añadió moviéndose para acomodar los vestidos.
–Vos creés que ser pobre o ser rico es un destino escrito por Dios, ¿verdad?– preguntó Lavinia.
–Sí– dijo Lucrecia.–Unos nacemos pobres, otros nacen ricos. La vida es un «valle de lágrimas». Si uno es pobre, pero honrado, sabe que cuando se muera tiene más posibilidades de ir al cielo (…).
–¿No crees que en la vida y no en el cielo únicamente, todas las personas deberían tener una oportunidad de vivir mejor?–

preguntó Lavinia. –Puede ser– dijo Lucrecia, pensativa. –Pero la cosa es que ya el mundo es como es y a uno no le queda más camino que resignarse, pensar que la va a pasar mejor en el cielo…
–Pero se podría hacer algo aquí en la tierra…– dijo Lavinia.
–Bueno, sí. Estudiar, trabajar…– dijo Lucrecia.
–O pelear…– añadió Lavinia, a media voz, dudando si debía decirlo, esperando la reacción de Lucrecia.
–¿Para que lo maten a uno? Prefiero seguir viviendo pobre que morirme.

GIOCONDA BELLI, La mujer habitada (texto adaptado)

⚲ ¿Quién opina estas cosas? ¿Lucrecia o Lavinia? Señálalo en cada caso.

Una persona nace rica o pobre y eso no se puede cambiar.
La gente tiene que luchar contra la pobreza.
En la vida siempre hay que sufrir.
Los pobres tienen que pensar en el cielo.
Luchar es peligroso. Es mejor seguir siendo pobre.
Se puede hacer algo para cambiar la injusticia.

⚲ ¿Y tú ? ¿Qué crees? ¿Se puede mejorar el mundo?
 ¿Cómo lo ves tú? ¿Como Lucrecia o como Lavinia? Escribe un pequeño texto en el que tienes que argumentar con cuál de las dos estás de acuerdo y por qué.